A-Z STAINES an

CONTEN

Key to Map Pages	2-3
Map Pages	4-35
Index	36 onwards

REFERENCE

- Motorway — M3
- A Road — A308
- B Road — B376
- Dual Carriageway
- One-way Street
  Traffic flow on A roads is indicated by a heavy line on the driver's left.
- Junction Name — APEX CORNER
- Restricted Access
- Pedestrianized Road
- Track & Footpath
- Residential Walkway
- Railway Stations: Tunnel / Level Crossing
  - National Rail Network
  - Underground
- Built-up Area — PARK AV.
- Local Authority Boundary
- Posttown Boundary
- Postcode Boundary (within posttown)
- Map Continuation — 12

- Car Park (selected) — P
- Church or Chapel — †
- Fire Station — ■
- Hospital — H
- House Numbers (A & B Roads only) — 13 8
- Information Centre — i
- National Grid Reference — 510
- Police Station — ▲
- Post Office — ★
- Toilet:
  - without facilities for the Disabled — ▽
  - with facilities for the Disabled — ▽
  - Disabled facilities only — ▽
- Educational Establishment
- Hospital or Hospice
- Industrial Building
- Leisure or Recreational Facility
- Place of Interest
- Public Building
- Shopping Centre or Market
- Other Selected Buildings

SCALE

1:15,840
4 inches to 1 mile
6.31 cm to 1 km
10.16 cm to 1 mile

0 — ¼ — ½ — ¾ Mile
0 — 250 — 500 — 750 — 1 Kilometre

Copyright of Geographers' A-Z Map Company Limited

Head Office:
Fairfield Road, Borough Green, Sevenoaks, Kent TN15 8PP
Telephone: 01732 781000 (Enquiries & Trade Sales)
01732 783422 (Retail Sales)
www.a-zmaps.co.uk

Ordnance Survey®
This product includes mapping data licensed from Ordnance Survey® with the permission of the Controller of Her Majesty's Stationery Office.
© Crown Copyright 2004. All rights reserved. Licence number 100017302

Copyright © Geographers' A-Z Map Co. Ltd.   Edition 2 2005

Every possible care has been taken to ensure that, to the best of our knowledge, the information contained in this atlas is accurate at the date of publication. However, we cannot warrant that our work is entirely error free and whilst we would be grateful to learn of any inaccuracies, we do not accept any responsibility for loss or damage resulting from reliance on information contained within this publication.

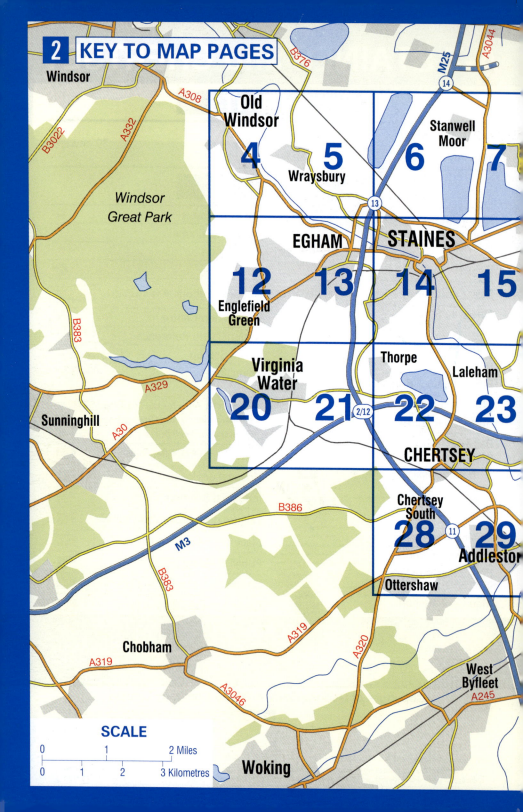

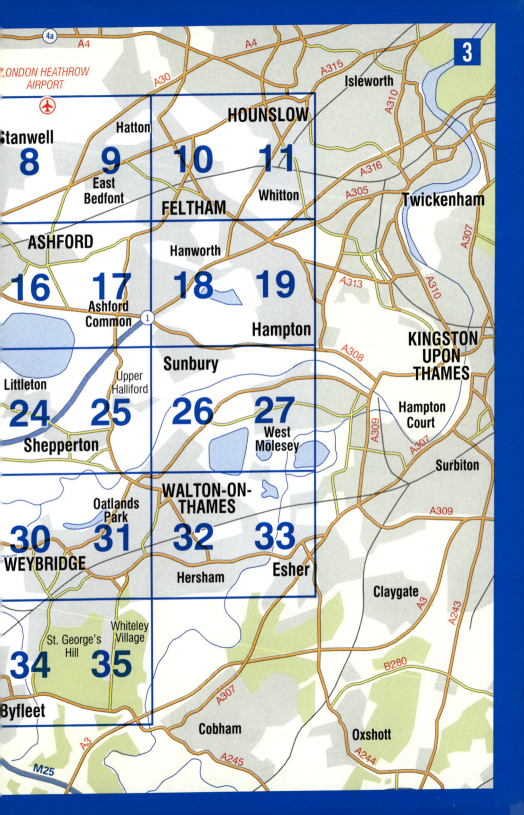

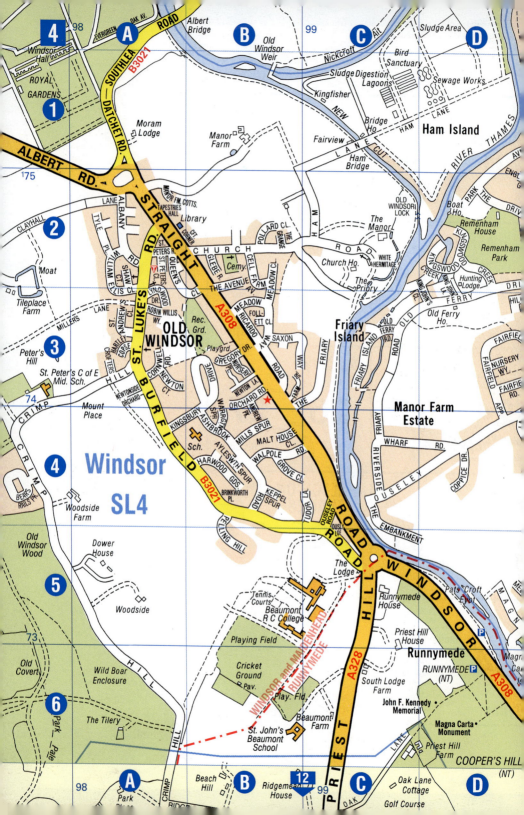

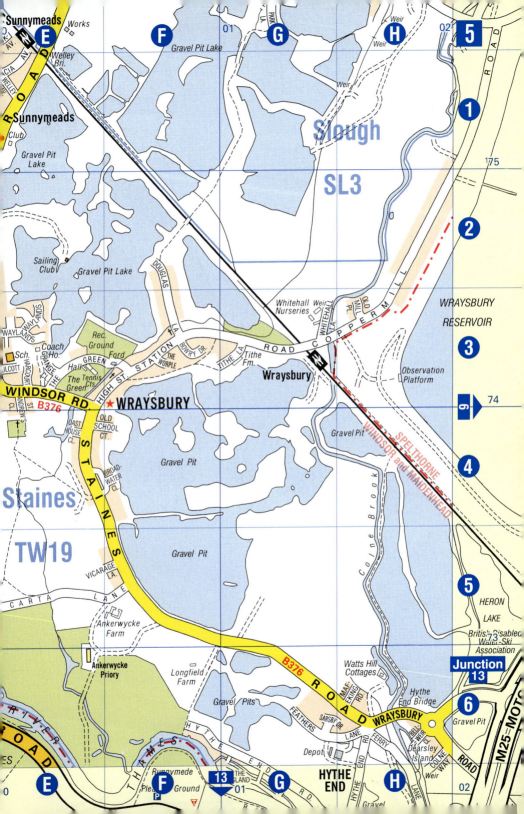

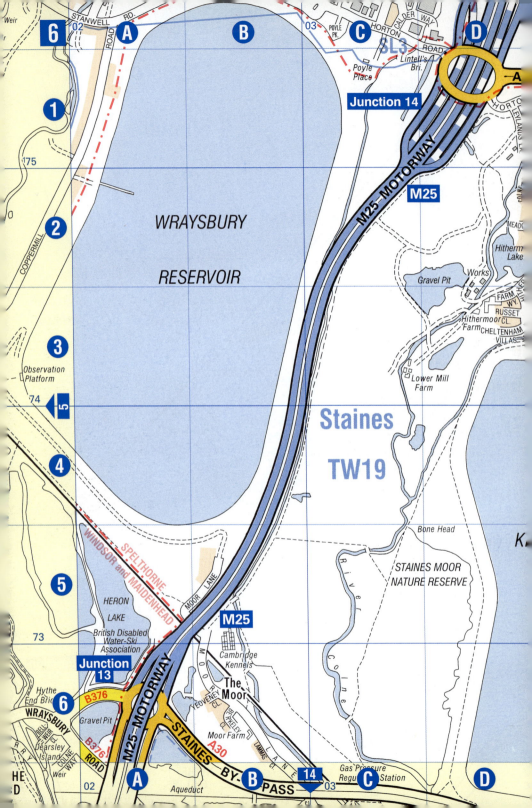

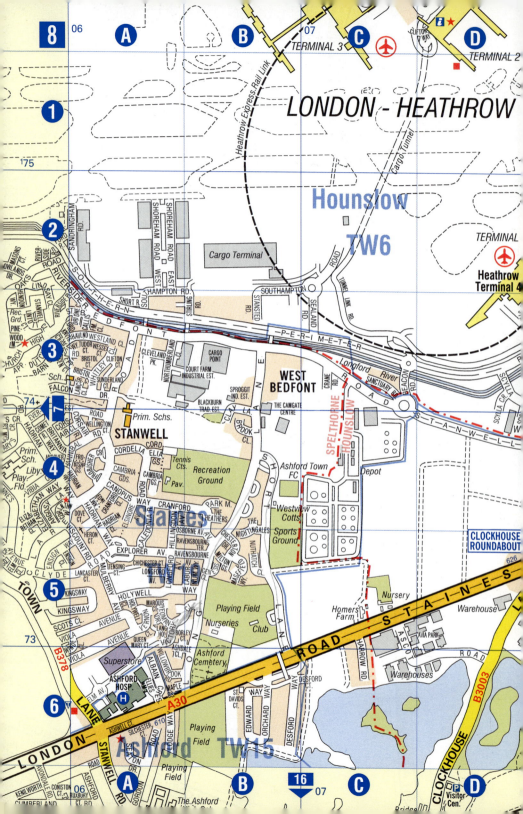

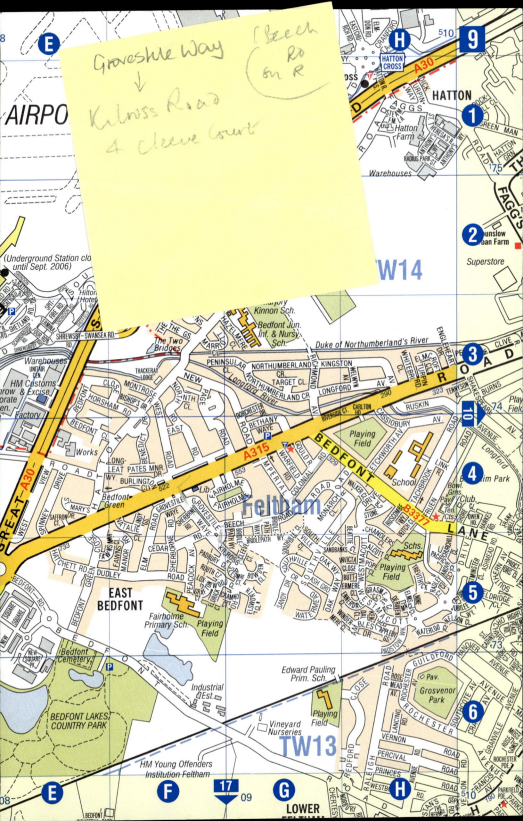

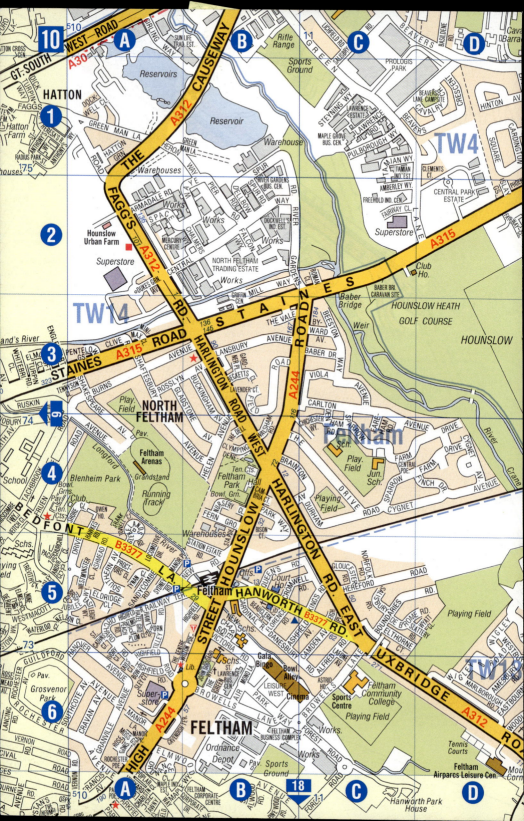

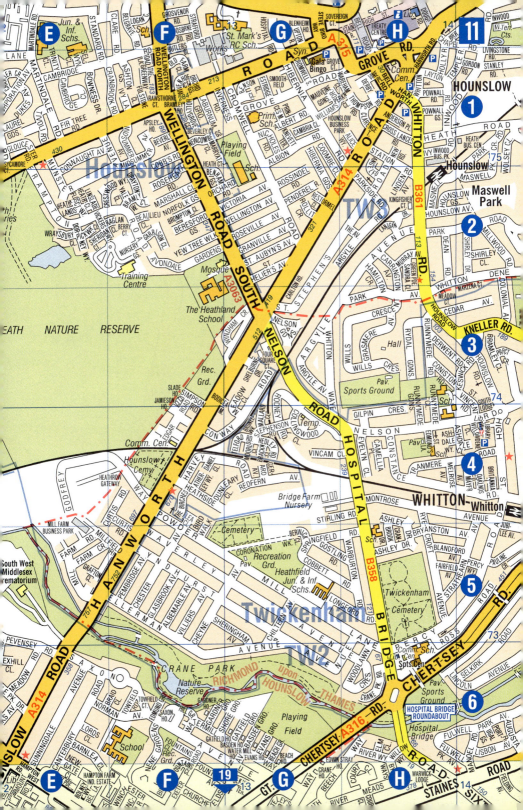

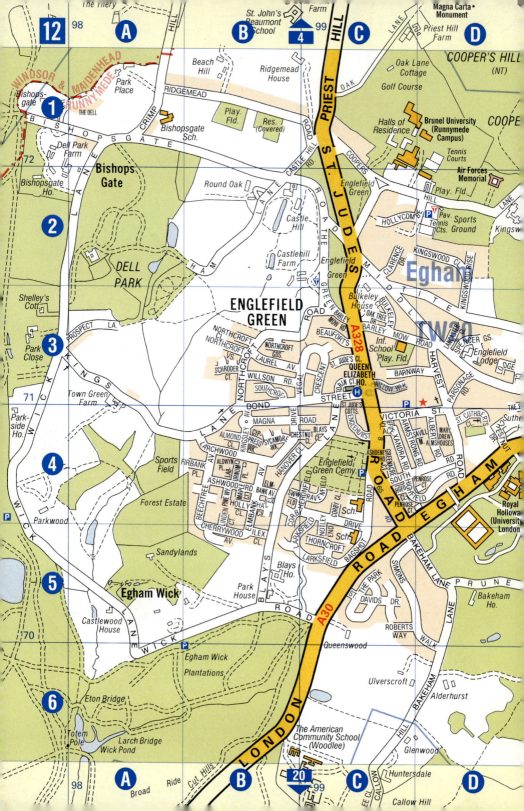

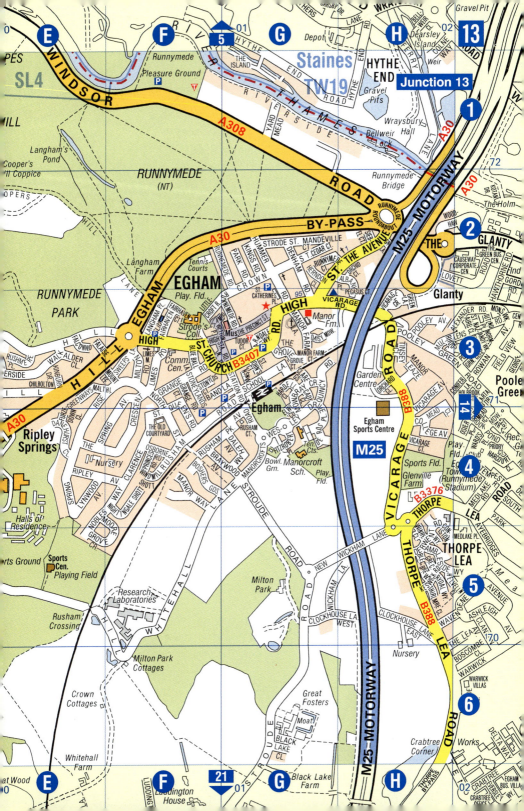

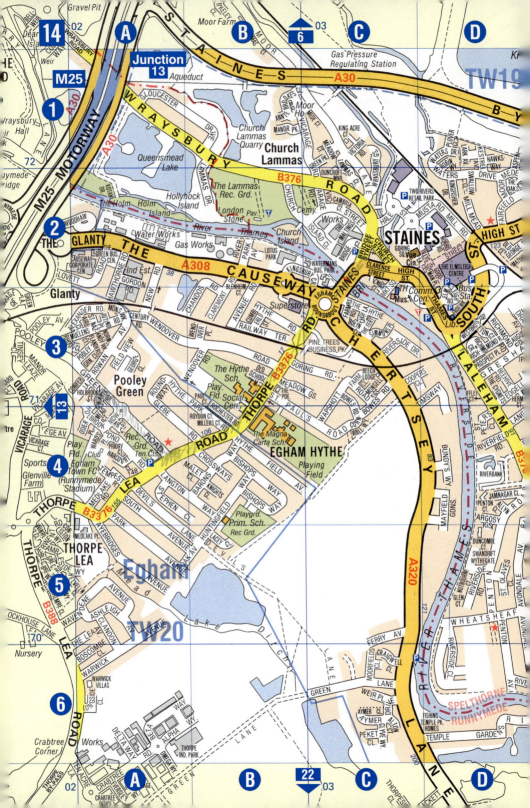

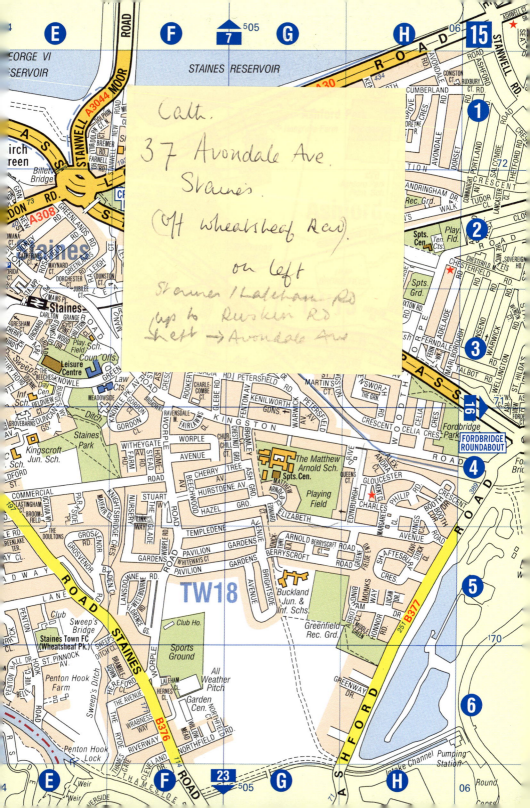

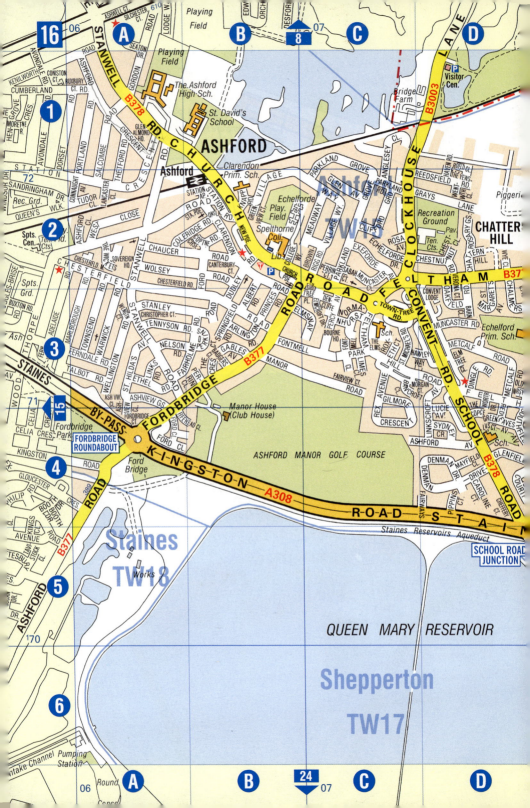

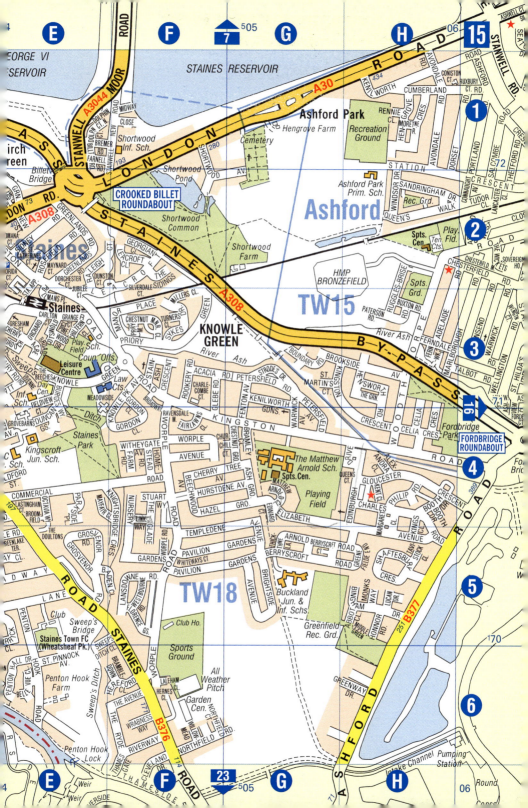

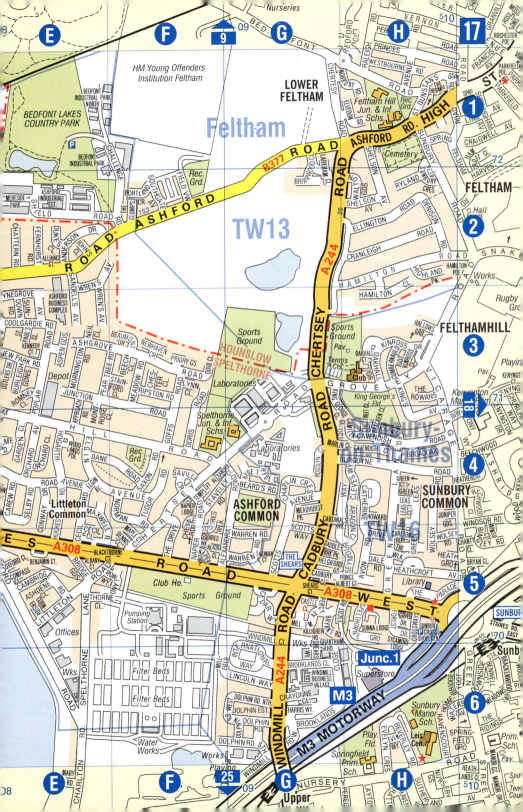

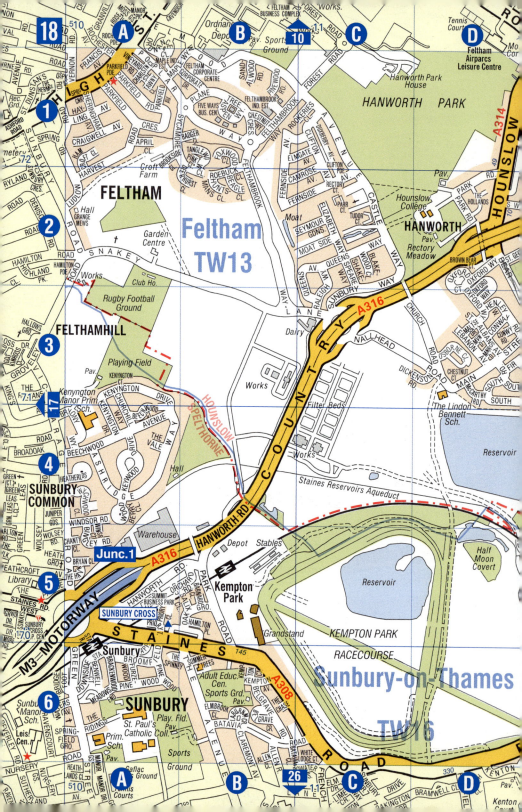

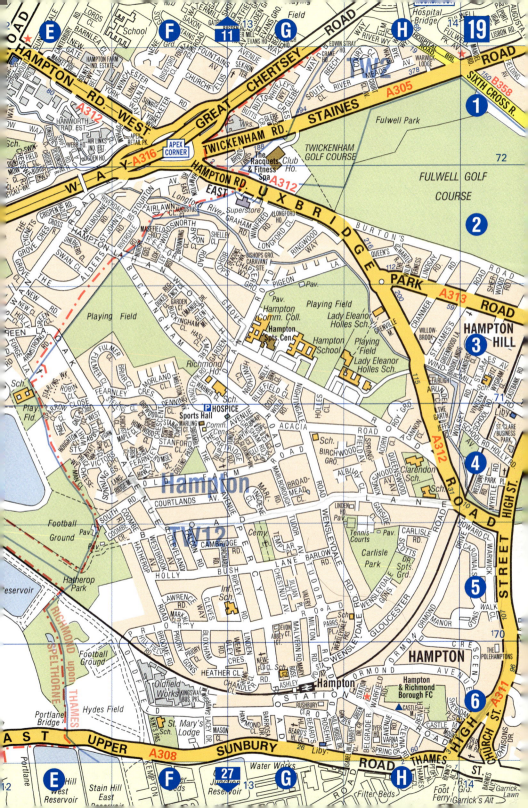

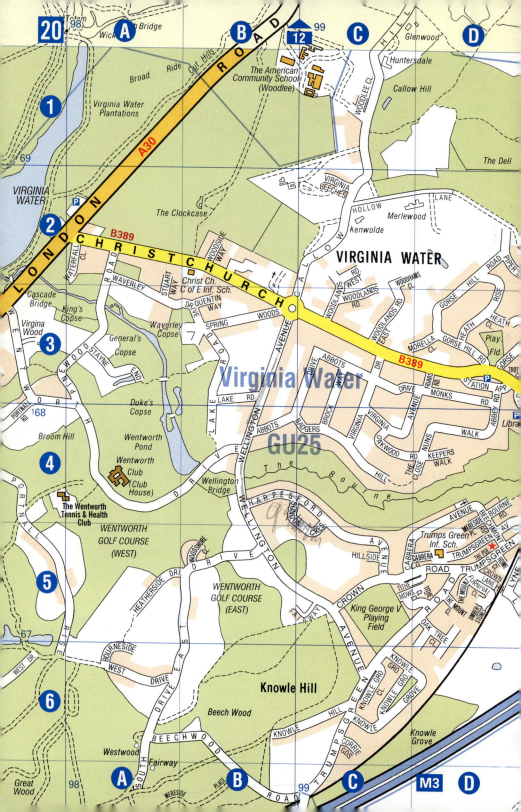

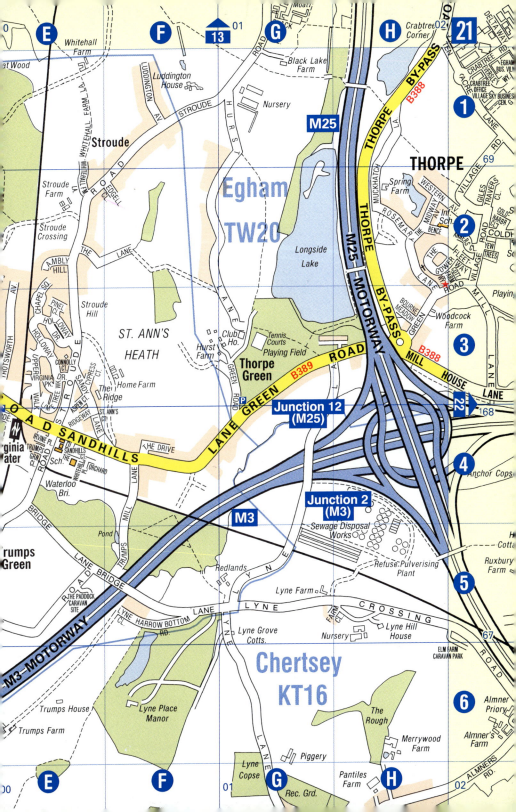

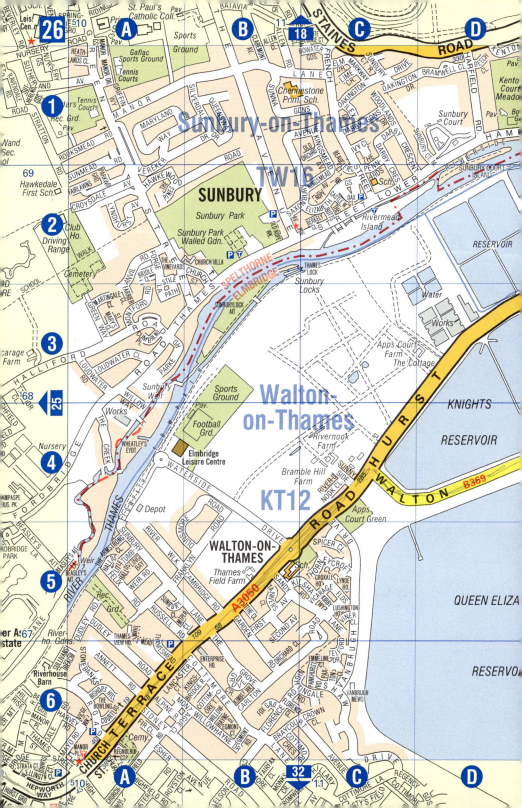

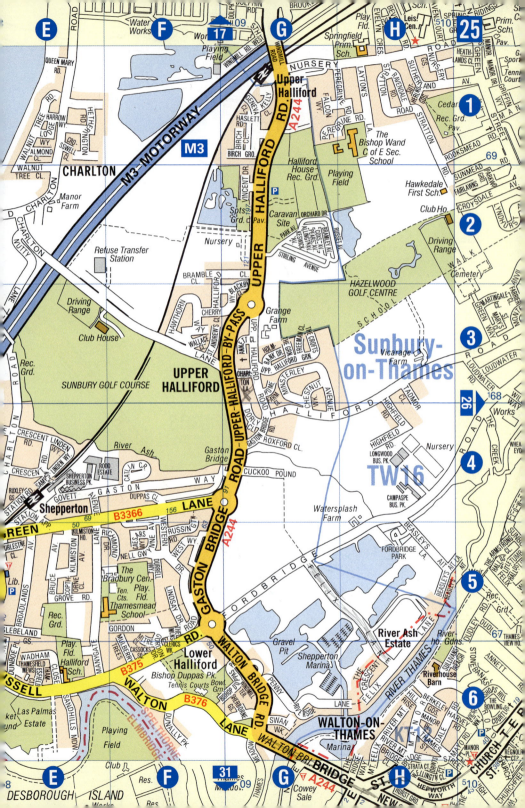

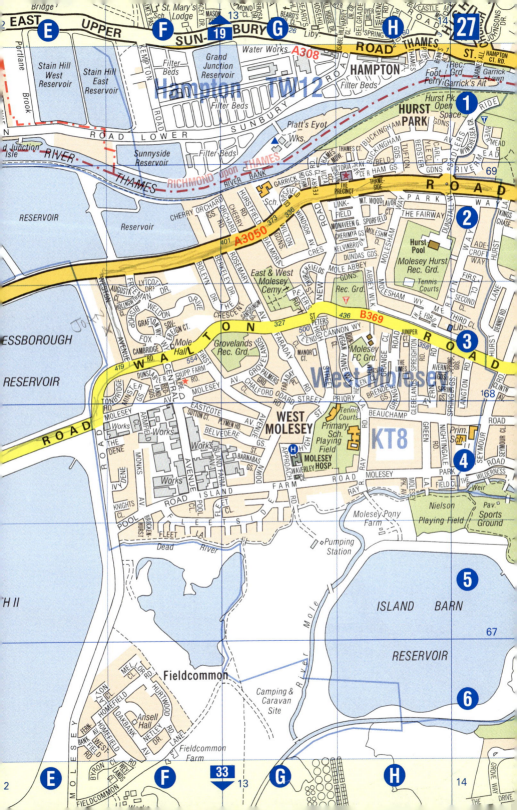

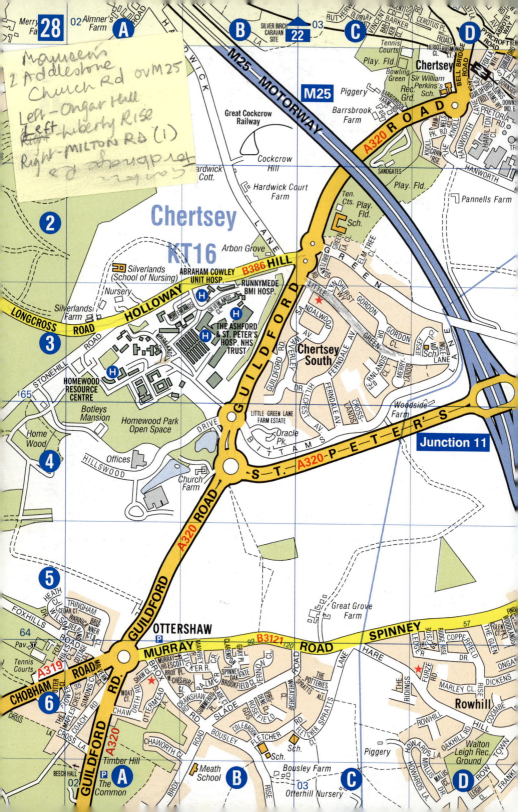

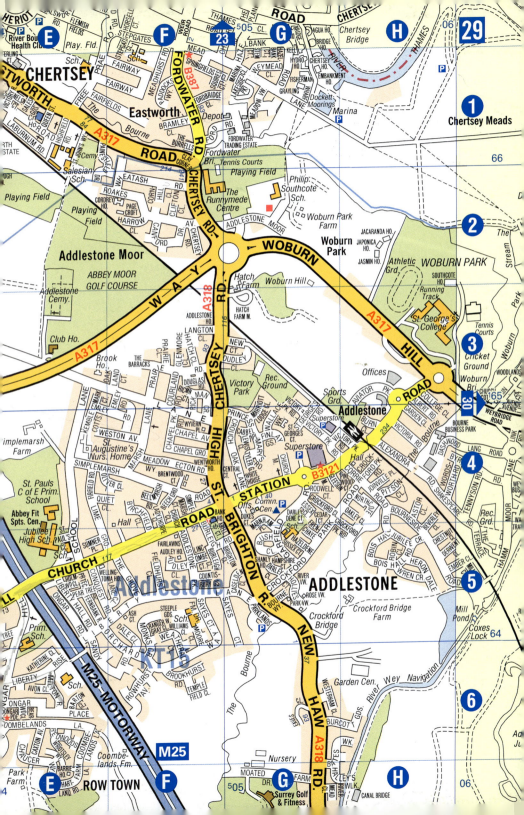

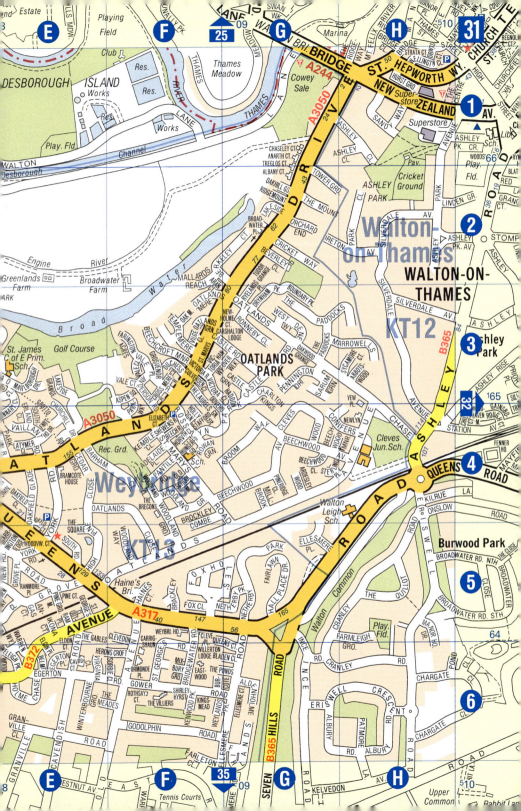

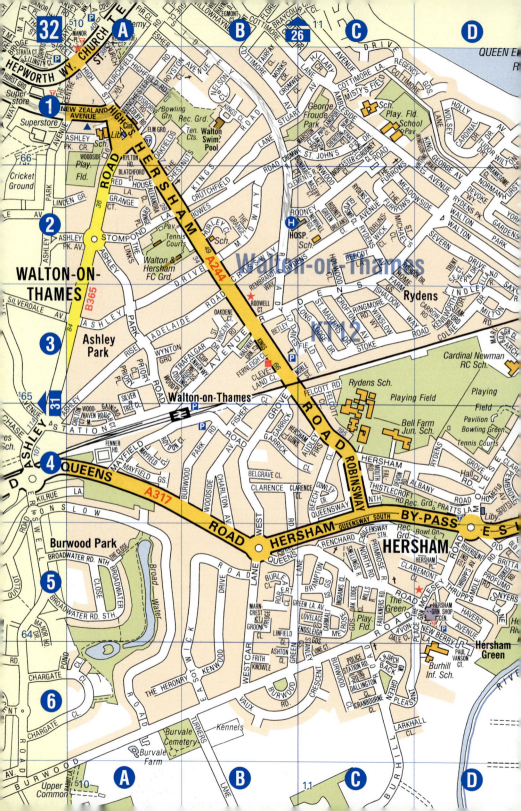

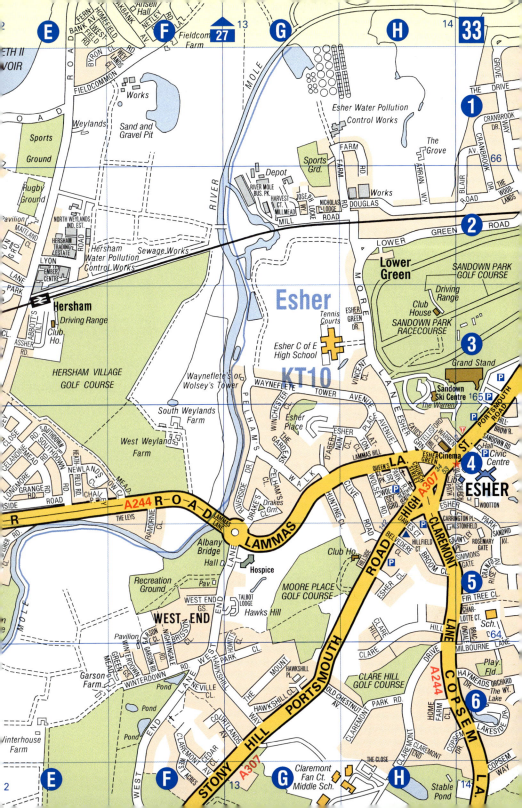

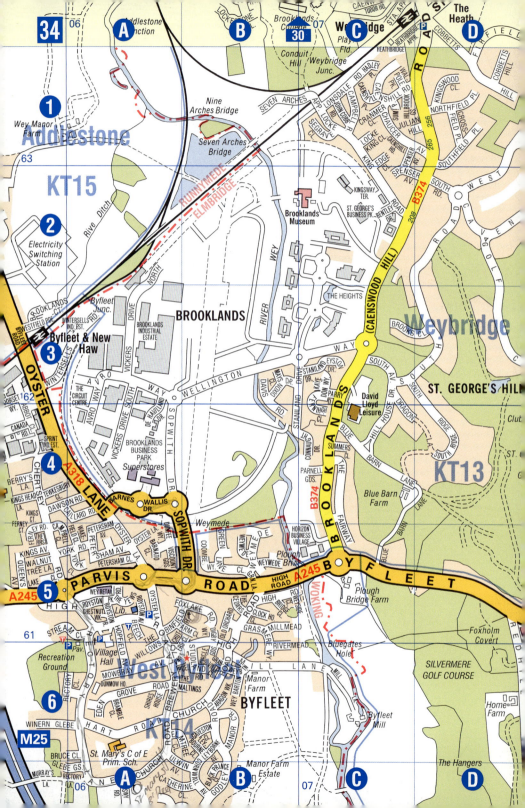

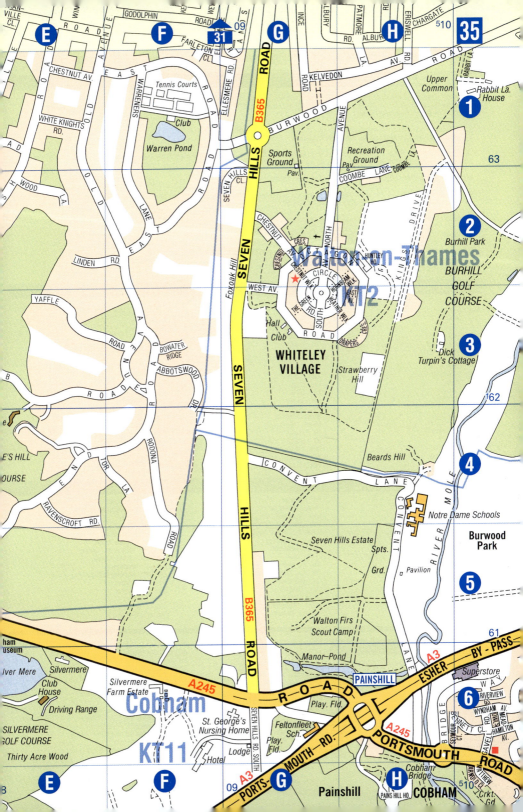

INDEX

Including Streets, Places & Areas, Hospitals & Hospices, Industrial Estates, Selected Flats & Walkways, Junction Names, Stations, and Selected Places of Interest.

HOW TO USE THIS INDEX

1. Each street name is followed by its Postcode District and then by its Locality abbreviation(s) and then by its map reference; e.g. **Abbey Rd.** GU25: Vir W . . . .4D **20** is in the GU25 Postcode District and the Virginia Water Locality and is to be found in square 4D on page **20**. The page number is shown in bold type.

2. A strict alphabetical order is followed in which Av., Rd., St., etc. (though abbreviated) are read in full and as part of the street name; e.g. **Ash Ct.** appears after **Ashbrook Rd.** but before **Ashdale Cl.**

3. Streets and a selection of flats and walkways too small to be shown on the maps, appear in the index with the thoroughfare to which it is connected shown in brackets; e.g. **Agnes Scott Cl.** *KT13: Weyb . . . .3D* **30** (off Palace Dr.)

4. Addresses that are in more than one part are referred to as not continuous.

5. Places and areas are shown in the index in BLUE TYPE and the map reference is to the actual map square in which the town centre or area is located and not to the place name shown on the map; e.g. ADDLESTONE 4F **29**

6. An example of a selected place of interest is Air Forces Memorial 2D **12**

7. An example of a station is Addlestone Station (Rail) 4H **29**

8. Junction names are shown in the index in BOLD CAPITAL TYPE; e.g. APEX CORNER 1F **19**

9. An example of a hospital is ABRAHAM COWLEY UNIT 3B **28**

GENERAL ABBREVIATIONS

All. : Alley
App. : Approach
Av. : Avenue
Bri. : Bridge
Bus. : Business
Cvn. : Caravan
Cen. : Centre
Cl. : Close
Coll. : College
Comn. : Common
Cnr. : Corner
Cott. : Cottage
Cotts. : Cottages
Ct. : Court
Cres. : Crescent
Cft. : Croft
Dr. : Drive
E. : East
Est. : Estate
Fld. : Field
Flds. : Fields
Gdns. : Gardens
Ga. : Gate
Gt. : Great
Grn. : Green
Gro. : Grove
Ho. : House
Ho's. : Houses
Ind. : Industrial
Info. : Information
Junc. : Junction
La. : Lane
Lit. : Little
Lwr. : Lower
Mnr. : Manor
Mdw. : Meadow
Mdws. : Meadows
M. : Mews
Mt. : Mount
Mus. : Museum
Nth. : North
Pde. : Parade
Pk. : Park
Pas. : Passage
Pl. : Place
Ri. : Rise
Rd. : Road
Rdbt. : Roundabout
Shop. : Shopping
Sth. : South
Sq. : Square
Sta. : Station
St. : Street
Ter. : Terrace
Twr. : Tower
Trad. : Trading
Up. : Upper
Vw. : View
Vs. : Villas
Vis. : Visitors
Wlk. : Walk
W. : West
Yd. : Yard

LOCALITY ABBREVIATIONS

Add : **Addlestone**
Ashf : **Ashford**
Bedf : **Bedfont**
Byfl : **Byfleet**
Chert : **Chertsey**
Cobh : **Cobham**
E Mos : **East Molesey**
Egh : **Egham**
Eng G : **Englefield Green**
Esh : **Esher**
Felt : **Feltham**
Hamp : **Hampton**
Hamp H : **Hampton Hill**
Hanw : **Hanworth**
Hers : **Hersham**
Hort : **Horton**
Houn : **Hounslow**
Isle : **Isleworth**
Lale : **Laleham**
H'row A : **London Heathrow Airport**
Longc : **Longcross**
Lford : **Longford**
Lyne : **Lyne**
New H : **New Haw**
Old Win : **Old Windsor**
Ott : **Ottershaw**
Oxs : **Oxshott**
Poyle : **Poyle**
Shep : **Shepperton**
Staines : **Staines**
Stanw : **Stanwell**
Stan M : **Stanwell Moor**
Sun : **Sunbury**
Thorpe : **Thorpe**
Twick : **Twickenham**
Vir W : **Virginia Water**
Walt T : **Walton-on-Thames**
W Mole : **West Molesey**
Weyb : **Weybridge**
W Vill : **Whiteley Village**
Whit : **Whitton**
Wind : **Windsor**
Wis : **Wisley**
Wok : **Woking**
Wray : **Wraysbury**

A

Abbey Chase *KT16: Chert* 6F **23**
Abbey Ct. *KT16: Chert* 6F **23**
    TW12: Hamp 5G **19**
    TW18: Lale 3G **23**
Abbey Dr. *TW18: Lale* 2G **23**
Abbey Fit Sports Cen. 4E **29**
Abbey Gdns. *KT16: Chert* 5E **23**
Abbey Grn. *KT16: Chert* 5E **23**
Abbey M. *TW18: Lale* 3G **23**
Abbey Pl. *KT16: Chert* 2E **23**
Abbey Rd. *GU25: Vir W* 4D **20**
    KT16: Chert 6F **23**
    TW17: Shep 1C **30**
Abbey Wlk. *KT8: W Mole* 2H **27**
Abbot Cl. *KT14: Byfl* 4A **34**
    TW18: Staines 5H **15**
Abbots Dr. *GU25: Vir W* 4B **20**
Abbots Way *KT16: Chert* 6D **22**
Abbotswood *KT13: Weyb* 3H **31**
Abbotswood Dr. *KT13: Weyb* 3F **35**
Abbott Cl. *TW12: Hamp* 4E **19**
Abbott's Tilt *KT12: Hers* 3E **33**
Abell Ct. *KT15: Add* 5F **29**
ABRAHAM COWLEY UNIT 3B **28**
Acacia Av. *TW17: Shep* 4C **24**
    TW19: Wray 1E **5**
Acacia Rd. *TW12: Hamp* 4G **19**
    TW18: Staines 3F **15**
    (not continuous)
Acorn Cl. *TW12: Hamp* 4H **19**
ADDLESTONE 4F **29**
Addlestone Ho. *KT15: Add* 3F **29**
ADDLESTONE MOOR 2E **29**
Addlestone Moor *KT15: Add* 2G **29**
Addlestone Pk. *KT15: Add* 5F **29**
Addlestone Rd. *KT13: Weyb* 4B **30**
    KT15: Add 4A **30**
Addlestone Station (Rail) 4H **29**
Adecroft Way *KT8: W Mole* 2H **27**
Adelaide Pl. *KT13: Weyb* 4F **31**
Adelaide Rd. *KT12: Walt T* 3A **32**
    TW15: Ashf 3H **15**
Admiral Stirling Ct. *KT13: Weyb* 4B **30**
Agnes Scott Ct. *KT13: Weyb* 3D **30**
    (off Palace Dr.)

Agua Ho.—Barton Cl.

Agua Ho. KT16: Chert 6G 23
Air Forces Memorial 2D 12
Air Links Ind. Est. TW13: Hanw 1E 19
Air Pk. Way TW13: Felt 6B 10
Airport Way TW19: Stan M 1D 6
Alan Hilton Ct. *KT16: Ott* *6B 28*
   (off Cheshire Cl.)
Albain Cres. TW15: Ashf 6A 8
Albany Ct. KT13: Weyb 4D 30
   (Hillcrest)
KT13: Weyb 2G 31
   (Oatlands Dr.)
TW15: Ashf 5E 17
Albany Pl. TW20: Egh 2H 13
Albany Rd. KT12: Hers 4D 32
SL4: Old Win 2A 4
Albemarle Av. TW2: Whit 5F 11
Albert Av. KT16: Chert 2E 23
Albert Dr. TW18: Staines 3D 14
Albert Rd. KT15: Add 4H 29
TW3: Houn 1G 11
TW15: Ashf 3B 16
TW20: Eng G 4D 12
Albion Rd. TW3: Houn 1G 11
Albury Cl. TW12: Hamp 4H 19
Albury Rd. KT12: Hers 6G 31
Alcott Cl. TW14: Felt 5H 9
Aldenholme KT13: Weyb 6G 31
Alder Cl. TW20: Eng G 3E 13
Alders, The TW13: Hanw 2E 19
Alderside Wlk. TW20: Eng G 3E 13
Alderton Cl. *KT8: W Mole* *3F 27*
   (off Walton Rd.)
Aldwyn Pl. TW20: Eng G 4B 12
Alexander Raby Mill *KT15: Add* *5A 30*
   (off Bourneside Rd.)
Alexander Rd. TW20: Egh 3A 14
   (not continuous)
Alexandra Cl. KT12: Walt T 2A 32
TW15: Ashf 5F 17
TW18: Staines 4H 15
Alexandra Ct. TW15: Ashf 4F 17
Alexandra Lodge *KT13: Weyb* *4D 30*
   (off Monument Hill)
Alexandra Rd. KT15: Add 4H 29
   (not continuous)
TW15: Ashf 5F 17
TW20: Eng G 4C 12
Alfred Rd. TW13: Felt 6C 10
Alice Way TW3: Houn 1H 11
Allen Cl. TW16: Sun 6B 18
Allen Rd. TW16: Sun 6B 18
Alliance Ct. TW15: Ashf 2E 17
Allington Av. TW17: Shep 2G 25
Allyn Cl. TW18: Staines 4D 14
Almond Cl. TW13: Felt 5A 10
TW17: Shep 1E 25
TW20: Eng G 4B 12
Almshouses KT16: Chert 6E 23
Alpha Way TW20: Thorpe 6A 14
Alpine Rd. KT12: Walt T 6A 26
Alton Cl. TW18: Staines 6C 14
Alwyns Cl. KT16: Chert 5E 23
Alwyns La. KT16: Chert 5D 22
Amanda Ct. *TW15: Ashf* *6B 8*
   (off Edward Way)
Amber Ct. *TW18: Staines* *3D 14*
   (off Laleham Rd.)
Amberley Way TW4: Houn 2C 10
Ambleside Av. KT12: Walt T 1C 32
Ambleside Dr. TW14: Felt 5H 9
Ambleside Way TW20: Egh 5H 13
Amesbury Rd. TW13: Felt 6D 10
Anarth Ct. KT13: Weyb 1G 31
Anderson Dr. TW15: Ashf 2E 17
Anderson Pl. TW3: Houn 1H 11
Anderson Rd. KT13: Weyb 3F 31
Andover Cl. TW14: Felt 5H 9
Andover Ct. TW19: Stanw 4H 7
Angas Ct. KT13: Weyb 5E 31
Angelfield TW3: Houn 1H 11
Anglesey Cl. TW15: Ashf 1C 16
Ankerwycke Priory 6E 5
Anners Cl. TW20: Thorpe 2A 22
Annett Cl. TW17: Shep 3G 25
Annett Rd. KT12: Walt T 6A 26
Anne Way KT8: W Mole 3H 27
Annie Brookes Cl. TW18: Staines 1B 14
Anvil Cl. TW16: Sun 2A 26
APEX CORNER 1F 19

Apex Retail Pk. TW13: Hanw 1F 19
Appleby Gdns. TW14: Felt 5H 9
Approach Rd. KT8: W Mole 4G 27
TW15: Ashf 4E 17
April Cl. TW13: Felt 1A 18
Apsley Ho. TW4: Houn 1F 11
Aragon Cl. TW16: Sun 4H 17
Aragon Wlk. KT14: Byfl 6B 34
Aran Ct. KT13: Weyb 2F 31
Arch Rd. KT12: Hers 3D 32
Ardesley Wood KT13: Weyb 4G 31
Argent Cl. TW20: Egh 4A 14
Argosy Gdns. TW18: Staines 4D 14
Argosy La. TW19: Stanw 4H 7
Argyle Av. TW3: Houn 5F 11
   (not continuous)
Argyle Rd. TW3: Houn 2H 11
Arlington Lodge KT13: Weyb 4D 30
Arlington Rd. TW15: Ashf 3B 16
Armadale Rd. TW14: Felt 2A 10
Armfield Cl. KT8: W Mole 4F 27
Armstrong Cl. KT12: Walt T 5A 26
Armstrong Rd. TW13: Hanw 3E 19
Arndale Way TW20: Egh 3G 13
Arnold Rd. TW18: Staines 5G 15
Arran Way KT10: Esh 2H 33
Arundel Cl. TW12: Hamp H 3H 19
Ascent Ho. *KT13: Weyb* *5G 31*
   (off Ellesmere Rd.)
Ascot Rd. TW14: Bedf 5C 8
Ashbrook Rd. SL4: Old Win 4B 4
Ash Ct. KT15: Add 5F 29
Ashdale Cl. TW2: Whit 4H 11
TW19: Stanw 6A 8
Ashdale Way TW2: Whit 4H 11
Ashdene Cl. TW15: Ashf 5E 17
Ashdene Ho. TW20: Eng G 4C 12
Ashfield Av. TW13: Felt 5B 10
ASHFORD 2B 16
ASHFORD & ST PETER'S HOSPITALS NHS TRUST, THE 3B 28
Ashford Av. TW15: Ashf 4D 16
Ashford Bus. Complex
TW15: Ashf 3E 17
Ashford Cl. TW15: Ashf 2A 16
ASHFORD COMMON 5F 17
Ashford Cres. TW15: Ashf 1A 16
ASHFORD HOSPITAL 6A 8
Ashford Ind. Est. TW15: Ashf 2E 17
ASHFORD PARK 2H 15
Ashford Rd. TW13: Felt 5E 17
TW15: Ashf 5E 17
TW18: Lale, Staines 1G 23
Ashford Sports Cen. 2H 15
Ashford Station (Rail) 2B 16
Ash Gro. TW14: Felt 5G 9
TW18: Staines 4G 15
Ashgrove Rd. TW15: Ashf 3E 17
Ashleigh Av. TW20: Egh 5A 14
Ashley Cl. KT12: Walt T 1H 31
Ashley Dr. KT12: Walt T 3A 32
TW2: Whit 4H 11
ASHLEY PARK 3A 32
Ashley Pk. Av. KT12: Walt T 2H 31
Ashley Pk. Cres. KT12: Walt T 1A 32
Ashley Pk. Rd. KT12: Walt T 2A 32
Ashley Pl. *KT12: Walt T* *2A 32*
   (off Ashley Rd.)
Ashley Ri. KT12: Walt T 4H 31
Ashley Rd. KT12: Walt T 4H 31
TW12: Hamp 6G 19
Ash Lodge *TW16: Sun* *5H 17*
   (off Forest Dr.)
Ashmead Rd. TW14: Felt 5A 10
Ashridge Way TW16: Sun 4A 18
Ash Rd. TW17: Shep 3C 24
Ashton Cl. KT12: Hers 6B 32
Ashton Gdns. TW4: Houn 1F 11
Ash Tree Ct. *TW15: Ashf* *3D 16*
   (off Feltham Hill Rd.)
Ashurst Dr. TW17: Shep 4A 24
Ash Vw. Cl. TW15: Ashf 4A 16
Ashview Gdns. TW15: Ashf 3A 16
Ashwell Cl. TW15: Ashf 6A 8
Ashwood Rd. TW20: Eng G 4B 12
Aspen Cl. TW18: Staines 1D 14
Aspen Ct. GU25: Vir W 3E 21
Aspen Gdns. TW15: Ashf 3E 17
Aspen Sq. KT13: Weyb 3F 31

Aspen Way TW13: Felt 1B 18
Assher Rd. KT12: Hers 3E 33
Astleham Rd. TW17: Shep 2A 24
Astor Cl. KT15: Add 4H 29
Astrid Ho. TW13: Felt 6C 10
Atherley Way TW4: Houn 4F 11
Atherton Cl. TW19: Stanw 3H 7
Audley Cl. KT15: Add 5F 29
Audley Firs KT12: Hers 4C 32
Audley Ho. KT15: Add 4C 32
Augur Cl. TW18: Staines 3D 14
Augusta Cl. KT8: W Mole 3F 27
Augusta Rd. TW2: Twick 6H 11
Augustus Ct. TW13: Hanw 2F 19
Avenue, The SL4: Old Win 2B 4
TW3: Houn 2H 11
TW12: Hamp 4F 19
TW16: Sun 6B 18
TW18: Staines 6F 15
TW19: Wray 1D 4
TW20: Egh 2H 13
Avenue C KT15: Add 3A 30
Avenue One KT15: Add 4A 30
Avenue Pde. TW16: Sun 2B 26
Avenue Rd. TW12: Hamp 4F 19
TW13: Felt 1H 17
TW15: Staines 3B 16
Avenue Three KT15: Add 3A 30
Avenue Two KT15: Add 4A 30
Avern Gdns. KT8: W Mole 3H 27
Avern Rd. KT8: W Mole 3H 27
Avia Pk. TW14: Bedf 5D 8
Aviator Pk. KT15: Add 3H 29
Avon Cl. KT15: Add 6E 29
Avondale Av. TW18: Staines 5D 14
Avondale Cl. KT12: Hers 5C 32
Avondale Gdns. TW4: Houn 2F 11
Avondale Rd. TW15: Ashf 1H 15
Avon Rd. TW16: Sun 5H 17
Avro Way KT13: Weyb 3A 34
Ayebridges Av. TW20: Egh 5A 14
Aylesworth Spur SL4: Old Win 4B 4
Aymer Cl. TW18: Staines 6C 14
Aymer Dr. TW18: Staines 6C 14

B

Baber Bri. Cvn. Site TW14: Felt 2C 10
Baber Dr. TW14: Felt 3C 10
Back Grn. KT12: Hers 6C 32
Baddeley Ho. *KT8: W Mole* *4G 27*
   (off Down St.)
Baden Cl. TW18: Staines 5F 15
Badger Cl. TW13: Felt 1B 18
Badgers Cl. TW15: Ashf 3B 16
Badgers Hill GU25: Vir W 4C 20
Bagshot Rd. TW20: Eng G 5C 12
Bakeham La. TW20: Eng G 5D 12
Baker St. KT13: Weyb 4C 30
Balfour Rd. KT13: Weyb 4D 30
Balmoral Cres. KT8: W Mole 2G 27
Bancroft Cl. TW15: Ashf 3C 16
Band La. TW20: Egh 3F 13
Bank Ho. KT15: Add 4F 29
Barbara Ct. TW17: Shep 4D 24
Barham Cl. KT13: Weyb 4C 30
Barker Rd. KT16: Chert 6C 22
Barley Mow Rd. TW20: Eng G 3C 12
Barleymow Way TW17: Shep 3C 24
Barlow Rd. TW12: Hamp 5G 19
Barnard Cl. TW16: Sun 5B 18
Barnato Cl. KT14: Byfl 5A 34
Barn Cl. TW15: Ashf 3D 16
Barnes All. TW12: Hamp 1H 27
Barnes Wallis Dr. KT13: Weyb 4A 34
Barnlea Cl. TW13: Hanw 6E 11
Barnway TW20: Eng G 3C 12
Barons Way TW20: Egh 4B 14
Barrack Rd. TW4: Houn 1D 10
Barracks, The KT15: Add 3F 29
Barrie Ho. KT15: Add 6E 29
Barrington Ct. *TW18: Staines* *4D 14*
   (off Thameside)
Barrington Lodge KT13: Weyb 5E 31
Barrosa Dr. TW12: Hamp 6G 19
Barrsbrook Farm Rd.
KT16: Chert 1C 28
Barton Cl. KT15: Add 6E 29
TW17: Shep 5D 24

A-Z Staines & Chertsey 37

Basden Gro.—Bristol Cl.

Basden Gro. TW13: Hanw . . . 6G 11
Basden Ho. TW13: Hanw . . . 6G 11
Basildene Rd. TW4: Houn . . . 1D 10
Batavia Cl. TW16: Sun . . . 6B 18
Batavia Rd. TW16: Sun . . . 6B 18
Bates Wlk. KT15: Add . . . 6G 29
Beach Gro. TW13: Hanw . . . 6G 11
Beach Ho. TW13: Hanw . . . 6G 11
Beacon Rd. TW6: H'row A . . . 3C 8
Beagle Cl. TW13: Felt . . . 2B 18
Beales La. KT13: Weyb . . . 3D 30
Beard's Hill TW12: Hamp . . . 6G 19
Beard's Hill Cl. TW12: Hamp . . . 6G 19
Beard's Rd. TW15: Ashf . . . 4G 17
Bear Rd. TW13: Hanw . . . 2D 18
Bears Rails Pk. SL4: Old Win . . . 4A 4
Bearwood Cl. KT15: Add . . . 6E 29
Beasley's Ait TW16: Sun . . . 5H 25
Beasley's Ait La. TW16: Sun . . . 5H 25
Beattie Cl. TW14: Felt . . . 4H 9
Beauchamp Rd. KT8: E Mos . . . 4H 27
KT8: W Mole . . . 4H 27
Beauclerc Ct. TW16: Sun . . . 1C 26
Beauclerk Cl. TW13: Felt . . . 5B 10
Beauforts TW20: Eng G . . . 3C 12
Beaulieu Cl. TW4: Houn . . . 2F 11
Beaumont Dr. TW15: Ashf . . . 3F 17
Beaver Cl. TW12: Hamp . . . 6H 19
Beavers Cres. TW4: Houn . . . 1C 10
Beavers La. TW4: Houn . . . 1C 10
Beavers La. Campsite TW4: Houn . . . 1D 10
Becketts Cl. TW14: Felt . . . 3B 10
Bedfont Cl. TW14: Bedf . . . 3E 9
Bedfont Ct. TW19: Stan M . . . 1F 7
Bedfont Ct. Est. TW19: Stan M . . . 1F 7
Bedfont Grn. Cl. TW14: Bedf . . . 5E 9
Bedfont Ind. Pk. TW15: Ashf . . . 1E 17
Bedfont Ind. Pk. Nth. TW15: Ashf . . . 1E 17
Bedfont Lakes Country Pk. . . . 6E 9
Bedfont Lakes Country Pk. Vis. Cen. . . . 1D 16
Bedfont La. TW13: Felt . . . 4G 9
TW14: Felt . . . 4G 9
Bedfont Rd. TW13: Felt . . . 5E 9
TW14: Bedf . . . 5E 9
TW19: Stanw . . . 3A 8
Bedster Gdns. KT8: W Mole . . . 1H 27
Beech Cl. KT12: Hers . . . 4C 32
KT14: Byfl . . . 5A 34
TW15: Ashf . . . 3F 17
TW16: Sun . . . 1D 26
TW19: Stanw . . . 4H 7
Beechcroft Mnr. KT13: Weyb . . . 3F 31
Beeches, The TW18: Staines . . . 3E 15
Beech Gro. KT15: Add . . . 4F 29
Beech Hall KT16: Ott . . . 6A 28
Beech Lodge TW18: Staines . . . 3C 14
Beechmont Av. GU25: Vir W . . . 4D 20
Beech Rd. KT13: Weyb . . . 4F 31
TW14: Bedf . . . 4G 9
Beechtree Av. TW20: Eng G . . . 4B 12
Beech Tree La. TW18: Lale . . . 1F 23
Beech Way TW2: Twick . . . 1G 19
Beechwood Av. KT13: Weyb . . . 4G 31
TW16: Sun . . . 4A 18
TW18: Staines . . . 4F 15
Beechwood Cl. KT13: Weyb . . . 4G 31
Beechwood Ct. *KT12: Walt T . . . 3A 32*
(off Station Av.)
TW16: Sun . . . 4A 18
Beechwood Mnr. KT13: Weyb . . . 4G 31
Beechwood Rd. GU25: Vir W . . . 6A 20
Beecot La. KT12: Walt T . . . 2C 32
Beehive Rd. TW18: Staines . . . 3D 14
Beeston Way TW14: Felt . . . 3C 10
Begonia Pl. TW12: Hamp . . . 4G 19
Beldham Gdns. KT8: W Mole . . . 1H 27
Belgrade Rd. TW12: Hamp . . . 6H 19
Belgrave Cl. KT12: Hers . . . 4B 32
Belgrave Cres. TW16: Sun . . . 6B 18
Belgrave Rd. TW4: Houn . . . 1F 11
TW16: Sun . . . 6B 18
Bel La. TW13: Hanw . . . 1E 19
Bell Bri. Rd. KT16: Chert . . . 1D 28
Bell Cnr. KT16: Chert . . . 6D 22
Belle Vue Cl. TW18: Staines . . . 6E 15
Bellmarsh Rd. KT15: Add . . . 4F 29
Bell Rd. TW3: Houn . . . 1H 11
Bellweir Cl. TW19: Staines . . . 6H 5
Belmont KT13: Weyb . . . 6E 31
Belsize Grange KT16: Chert . . . 6G 23
Belvedere Cl. KT10: Esh . . . 5H 33
KT13: Weyb . . . 5C 30
Belvedere Gdns. KT8: W Mole . . . 4F 27
Belvedere Ho. KT13: Weyb . . . 5D 30
Bence, The TW20: Thorpe . . . 2H 21
Benedict Dr. TW14: Bedf . . . 4F 9
Benen-Stock Rd. TW19: Stan M . . . 2E 7
Benham Gdns. TW4: Houn . . . 2F 11
Benjamin Ct. TW15: Ashf . . . 5E 17
Bennett Cl. KT11: Cobh . . . 6H 35
Benn's All. TW12: Hamp . . . 1H 27
Benson Cl. TW3: Houn . . . 1G 11
Bentley Dr. KT13: Weyb . . . 2C 34
Bentley Pl. *KT13: Weyb . . . 4D 30*
(off Baker St.)
Benwell Ct. TW16: Sun . . . 6A 18
Beomonds KT16: Chert . . . 6E 23
Beomonds Row KT16: Chert . . . 6E 23
Beresford Gdns. TW4: Houn . . . 2F 11
Berkeley Cl. TW19: Staines . . . 6B 6
Berkeley Ct. KT13: Weyb . . . 2F 31
Berkeley Dr. KT8: W Mole . . . 2F 27
Berkeley Gdns. KT12: Walt T . . . 6H 25
Berkely Cl. TW16: Sun . . . 2C 26
Berry Ct. TW4: Houn . . . 2F 11
Berry La. *KT12: Hers . . . 5D 32*
(off Green, The)
Berryscroft Ct. TW18: Staines . . . 5G 15
Berryscroft Rd. TW18: Staines . . . 5G 15
Berry's La. KT14: Byfl . . . 4A 34
Berwick Cl. TW2: Whit . . . 5G 11
Beta Way TW20: Thorpe . . . 6A 14
Bethany Waye TW14: Bedf . . . 4G 9
Betley Ct. KT12: Walt T . . . 3B 32
Beveree Stadium . . . 6H 19
Beverley Av. TW4: Houn . . . 1F 11
Beverley Cl. KT13: Weyb . . . 2G 31
KT15: Add . . . 5H 29
Beverley Ct. TW4: Houn . . . 1F 11
Beverley Rd. TW16: Sun . . . 6H 17
Bexhill Cl. TW13: Felt . . . 6E 11
Bideford Cl. TW13: Hanw . . . 1F 19
Billet Rd. TW18: Staines . . . 1E 15
Binfield Rd. KT14: Byfl . . . 5A 34
Bingham Dr. TW18: Staines . . . 5H 15
Bingley Rd. TW16: Sun . . . 5A 18
Birch Cl. TW17: Shep . . . 1G 25
Birches, The TW4: Houn . . . 4F 11
Birchfield Cl. KT15: Add . . . 4F 29
BIRCH GREEN . . . 2E 15
Birch Grn. TW18: Staines . . . 2D 14
Birch Gro. TW17: Shep . . . 1G 25
Birch Rd. TW13: Hanw . . . 3D 18
Birchwood Gro. TW12: Hamp . . . 4G 19
Bird Wlk. TW2: Whit . . . 5F 11
Bishop Duppas Pk. TW17: Shep . . . 6G 25
Bishop Fox Way KT8: W Mole . . . 3F 27
Bishop's Dr. TW14: Bedf . . . 3F 9
BISHOPS GATE . . . 1A 12
Bishopsgate Rd. TW20: Eng G . . . 1A 12
Bishop's Gro. TW12: Hamp . . . 2F 19
Bishops Gro. Cvn. Site TW12: Hamp . . . 2G 19
Bishops Hill KT12: Walt T . . . 6A 26
Bishops Way TW20: Egh . . . 4B 14
Bison Ct. TW14: Felt . . . 4B 10
Bittams La. KT16: Chert . . . 4B 28
Blackberry Cl. TW17: Shep . . . 3G 25
Blackburn Trad. Est. TW19: Stanw . . . 3B 8
Blackett Cl. TW18: Staines . . . 1C 22
Black Lake Cl. TW20: Egh . . . 6G 13
Black Prince Cl. KT14: Byfl . . . 6B 34
Blacksmiths La. KT16: Chert . . . 6E 23
TW18: Lale . . . 2F 23
Blackthorne Ct. TW15: Ashf . . . 5E 17
Bladen Cl. KT13: Weyb . . . 6F 31
Blair Av. KT10: Esh . . . 2H 33
Blakes Ct. KT16: Chert . . . 1E 29
Blakewood Cl. TW13: Hanw . . . 2C 18
Blandford Av. TW2: Whit . . . 5H 11
Blatchford Ct. KT12: Walt T . . . 2A 32
Blays Cl. TW20: Eng G . . . 4C 12
Blay's La. TW20: Eng G . . . 5B 12
Blenheim Ct. TW18: Staines . . . 2B 14
Blenheim Ho. TW3: Houn . . . 1G 11
Bloxham Cres. TW12: Hamp . . . 5F 19
Blue Ball La. TW20: Egh . . . 3F 13
Blue Barn La. KT13: Weyb . . . 4C 34
Bluefield Cl. TW12: Hamp . . . 3G 19
Bodicea M. TW4: Houn . . . 3F 11
Bois Hall Rd. KT15: Add . . . 5H 29
Boleyn Cl. TW18: Staines . . . 3C 14
Boleyn Dr. KT8: W Mole . . . 2F 27
Bolney Way TW13: Hanw . . . 1E 19
Bond St. TW20: Eng G . . . 3B 12
Booth Dr. TW18: Staines . . . 4H 15
Borley Ct. TW19: Stanw . . . 5A 8
Borrowdale Cl. TW20: Egh . . . 5H 13
Boscombe Cl. TW20: Egh . . . 6A 14
Boshers Gdns. TW20: Egh . . . 4F 13
Boundaries Rd. TW13: Felt . . . 5C 10
Boundary Pk. KT13: Walt T . . . 3G 31
Boundary Rd. TW15: Ashf . . . 3G 15
Bourne Av. KT16: Chert . . . 2E 23
Bourne Bus. Pk. KT15: Add . . . 4H 29
Bourne Ho. TW15: Ashf . . . 3C 16
Bourne Mdw. TW20: Thorpe . . . 3H 21
Bourne Rd. GU25: Vir W . . . 4D 20
Bourneside GU25: Vir W . . . 6A 20
Bourneside Rd. KT15: Add . . . 4H 29
Bourne Way KT15: Add . . . 5G 29
Bousley Ri. KT16: Ott . . . 6B 28
Bowater Gdns. TW16: Sun . . . 1C 26
Bowater Ridge KT13: Weyb . . . 3F 35
Bowden Cl. TW14: Bedf . . . 5G 9
Bowes Rd. KT12: Walt T . . . 2B 32
TW18: Staines . . . 3C 14
Bowling, The KT12: Walt T . . . 6A 26
Bowness Dr. TW4: Houn . . . 1E 11
Bowry Dr. TW19: Wray . . . 3F 5
Bowsley Ct. TW13: Felt . . . 6A 10
Bracken Cl. TW2: Whit . . . 4G 11
TW16: Sun . . . 4H 17
Brackenwood TW16: Sun . . . 6A 18
Brackley KT13: Weyb . . . 5F 31
Bracondale KT10: Esh . . . 5H 33
Braid Cl. TW13: Hanw . . . 6F 11
Brainton Av. TW14: Felt . . . 4B 10
Bramble Cl. TW17: Shep . . . 2F 25
Brambledown TW18: Staines . . . 6F 15
Bramble La. TW12: Hamp . . . 4F 19
Bramcote Ho. KT13: Weyb . . . 4E 31
Bramley Av. TW17: Shep . . . 2G 25
Bramley Cl. KT16: Chert . . . 1F 29
TW2: Whit . . . 3H 11
TW18: Staines . . . 4G 15
Bramley Ho. TW4: Houn . . . 1F 11
Bramley Way TW4: Houn . . . 2F 11
Brampton Gdns. KT12: Hers . . . 5C 32
Bramwell Cl. TW16: Sun . . . 1D 26
Branksome *KT13: Weyb . . . 6F 31*
(off Gower Rd.)
Branksome Cl. KT12: Walt T . . . 2D 32
Brassey Cl. TW14: Felt . . . 5A 10
Bravington Cl. TW17: Shep . . . 4B 24
Braycourt Av. KT12: Walt T . . . 6B 26
Braywood Av. TW20: Egh . . . 4F 13
Brecons, The KT13: Weyb . . . 4F 31
Bremer Rd. TW18: Staines . . . 1E 15
Brende Gdns. KT8: W Mole . . . 3H 27
Brentwood Ct. KT15: Add . . . 4F 29
Bretlands Rd. KT16: Chert . . . 2C 28
Brewery La. KT14: Byfl . . . 6A 34
Briar Cl. TW12: Hamp . . . 3F 19
Briar Rd. TW17: Shep . . . 4B 24
Briars, The TW19: Stan M . . . 2E 7
Briarwood Cl. TW13: Felt . . . 2G 17
Bridge Cl. KT12: Walt T . . . 6H 25
KT14: Byfl . . . 5B 34
TW18: Staines . . . 2C 14
Bridge Ct. KT13: Weyb . . . 4D 30
Bridgefoot TW16: Sun . . . 6H 17
Bridge Gdns. TW15: Ashf . . . 5E 17
Bridgeham Cl. KT13: Weyb . . . 5C 30
Bridge Ho. KT16: Chert . . . 6G 23
Bridge La. GU25: Vir W . . . 4E 21
Bridge Rd. KT13: Weyb . . . 4B 30
KT16: Chert . . . 6F 23
Bridge St. KT12: Walt T . . . 1G 31
TW18: Staines . . . 2C 14
Bridgewater Rd. KT13: Weyb . . . 6F 31
Bridge Way KT11: Cobh . . . 6H 35
Bridge Wharf KT16: Chert . . . 6G 23
Bridle Cl. TW16: Sun . . . 2A 26
Bridlepath Way TW14: Bedf . . . 5G 9
Brighton Cl. KT15: Add . . . 5G 29
Brighton Rd. KT15: Add . . . 5G 29
Brightside Av. TW18: Staines . . . 5G 15
Brinkworth Pl. SL4: Old Win . . . 4B 4
Brisson Cl. KT10: Esh . . . 5F 33
Bristol Cl. TW19: Stanw . . . 3A 8

38 A-Z Staines & Chertsey

Bristol Ct.—Challenge Rd.

Bristol Ct. TW19: Stanw ..3A 8	Burley Orchard KT16: Chert ..5E 23	Cardington Sq. TW4: Houn ..1D 10
Bristow Rd. TW3: Houn ..1H 11	Burlington Cl. TW14: Bedf ..4F 9	Carew Rd. TW15: Ashf ..4E 17
Britannia La. TW2: Whit ..4H 11	Burn Cl. KT15: Add ..4H 29	Cargo Point TW19: Stanw ..3B 8
Britannia Way TW19: Stanw ..4H 7	Burns Av. TW14: Felt ..3A 10	Carlisle Rd. TW12: Hamp ..5H 19
British Disabled Water-Ski Association ..**5H 5**	Burrells, The KT16: Chert ..1F 29	Carlton Av. TW14: Felt ..3C 10
Brittain Rd. KT12: Hers ..5D 32	Burton's Rd. TW12: Hamp H ..2H 19	Carlton Cl. TW18: Staines ..3E 15
Broadacre TW18: Staines ..3E 15	Burway Cres. KT16: Chert ..3E 23	Carlton Ho. TW3: Houn ..3G 11
Broad Cl. KT12: Hers ..3D 32	Burwood Cl. KT12: Hers ..6C 32	Carlton La. TW17: Shep ..3H 9
Broadlands TW13: Hanw ..1G 19	Burwood Pde. KT16: Chert ..6E 23	Carlton Pl. KT13: Weyb ..4D 30
Broadlands Av. TW17: Shep ..5E 25	(off Guildford St.)	(off Castle Vw. Rd.)
Broad La. TW12: Hamp ..5F 19	**BURWOOD PARK**	Carlton Rd. KT12: Walt T ..6B 26
Broadmead Cl. TW12: Hamp ..4G 19	Old Common ..**5H 35**	TW16: Sun ..5H 17
Broadoak TW16: Sun ..4H 17	Walton-on-Thames ..**5H 31**	Carlyle Cl. KT8: W Mole ..1H 27
Broadwater Cl. KT12: Hers ..5A 32	Burwood Pk. Rd. KT12: Hers ..4B 32	Carlyle Ho. KT8: W Mole ..4G 27
TW19: Wray ..4F 5	Burwood Rd. KT12: Hers ..1G 35	(off Down St.)
Broadwater Pl. KT13: Weyb ..2G 31	Bush Cl. KT15: Add ..5G 29	Carlyle Rd. TW18: Staines ..5E 15
Broadwater Rd. Nth. KT12: Hers ..5H 31	Bush Rd. TW17: Shep ..4B 24	Carmalt Gdns. KT12: Hers ..5C 32
Broadwater Rd. Sth. KT12: Hers ..5H 31	Butlers Ct. TW3: Houn ..1F 11	Caroline Ct. TW15: Ashf ..4D 16
Broadway TW18: Staines ..3F 15	Buttercup Sq. TW19: Stanw ..5H 7	Carrigshaun KT13: Weyb ..5F 31
Broadway, The TW18: Lale ..2G 23	Buttermere Ct. TW14: Felt ..5H 9	Carrington Av. TW3: Houn ..2H 11
Brockenhurst KT8: W Mole ..4F 27	Buttermere Way TW20: Egh ..5H 13	Carrington Pl. KT10: Esh ..4H 33
Brockley Combe KT13: Weyb ..4F 31	Butts, The TW16: Sun ..2C 26	Carrow Rd. KT12: Walt T ..3D 32
Brock Way GU25: Vir W ..4C 20	Butts Cres. TW13: Hanw ..1G 19	Carshalton Lodge
Brompton Ct. TW4: Houn ..2F 11	Buxton Rd. TW15: Ashf ..4N 17	KT13: Weyb ..3G 31
Brook Cl. TW19: Stanw ..4B 8	Byatt Wlk. TW12: Hamp ..4E 19	Caselden Cl. KT15: Add ..5G 29
Brookfield Cl. KT16: Ott ..6B 28	Byeways TW2: Twick ..1H 19	Cassiobury Av. TW14: Felt ..4H 9
Brookhurst Rd. KT15: Add ..6F 29	**BYFLEET** ..**6B 34**	Cassocks Sq. TW17: Shep ..6F 25
BROOKLANDS ..**3B 34**	Byfleet & New Haw Station (Rail) ..**3A 34**	Castle Cl. TW16: Sun ..5G 17
Brooklands Bus. Pk. KT13: Weyb ..4A 34	Byfleet Rd. KT11: Cobh ..5C 34	Castle Grn. KT13: Weyb ..3G 31
Brooklands Cl. TW16: Sun ..6G 17	KT14: Byfl ..5C 34	Castle Hill Rd. TW20: Eng G ..2B 12
Brooklands Ct. KT15: New H ..3A 34	KT15: New H ..3A 34	Castle M. TW12: Hamp ..6H 19
Brooklands Ind. Est. KT15: Weyb ..3A 34	Byron Cl. KT12: Walt T ..1E 33	(not continuous)
Brooklands La. KT13: Weyb ..6B 30	TW12: Hamp ..2F 19	Castle Rd. KT13: Weyb ..3F 31
Brooklands Mus. ..**2C 34**	Byron Rd. KT15: Add ..4A 30	Castle Vw. Rd. KT13: Weyb ..4D 30
Brooklands Pl. TW12: Hamp H ..3H 19	Byward Av. TW14: Felt ..3C 10	Castle Wlk. TW16: Sun ..2C 26
Brooklands Rd. KT13: Weyb ..4C 34		Castle Way TW13: Hanw ..2C 18
Brooks Cl. KT13: Weyb ..3C 34		Catherine Cl. KT14: Byfl ..6A 34
Brookside KT16: Chert ..6C 22	# C	Catherine Dr. TW16: Sun ..4H 17
Brookside Av. TW15: Ashf ..3G 15		Catherine Howard Ct.
TW19: Wray ..1E 5	Cabbel Pl. KT15: Add ..4G 29	KT13: Weyb ..3D 30
Brookside Cl. TW13: Felt ..1A 18	Cabrera Av. GU25: Vir W ..5C 20	(off Old Palace Rd.)
Broom Cl. KT10: Esh ..5H 33	Cabrera Cl. GU25: Vir W ..5D 20	Catlin Cres. TW17: Shep ..4F 25
Broome Lodge TW18: Staines ..3F 15	Cadbury Cl. TW16: Sun ..5G 17	Cato's Hill KT10: Esh ..4H 33
(off Kingston Rd.)	Cadbury Rd. TW16: Sun ..5G 17	Causeway, The TW4: Houn ..1A 10
Broome Rd. TW12: Hamp ..5F 19	Caddy Cl. TW20: Egh ..3G 13	TW14: Felt, Houn ..1A 10
Broomfield TW16: Sun ..6A 18	Caenshill Ho. KT13: Weyb ..1C 34	TW18: Staines ..2A 14
TW18: Staines ..4E 15	Caenshill Pl. KT13: Weyb ..1C 34	Causeway Corporate Cen.
Broomfield Ct. KT13: Weyb ..6D 30	Caenswood Hill KT13: Weyb ..3C 34	TW18: Staines ..2A 14
Broom Way KT13: Weyb ..4G 31	Caenwood Cl. KT13: Weyb ..6C 30	Cavalry Cres. TW4: Houn ..1D 10
Browells La. TW13: Felt ..6B 10	Caesars Way TW17: Shep ..5F 25	Cavendish Cl. TW16: Sun ..4H 17
(not continuous)	Caillard Rd. TW14: Byfl ..4A 34	Cavendish Ct. KT13: Weyb ..6E 31
Brown Bear Ct. TW13: Hanw ..2D 18	Cain's La. TW14: Felt ..2G 9	KT16: Chert ..1E 29
Browning Cl. TW12: Hamp ..2F 19	Calder Way SL3: Poyle ..1C 6	(off Victory Rd.)
Brownrigg Rd. TW15: Ashf ..2C 16	Caledonia Rd. TW19: Stanw ..5A 8	TW16: Sun ..4H 17
Brox M. KT16: Ott ..6A 28	Callis Farm Cl. TW19: Stanw ..3A 8	Cavendish Rd. KT13: Weyb ..2D 34
Brox Rd. KT16: Ott ..6A 28	Callow Hill GU25: Vir W ..2C 20	TW16: Sun ..4H 17
Bruce Av. TW17: Shep ..5E 25	Cambria Cl. TW3: Houn ..1F 11	Cavendish Ter. TW13: Felt ..6A 10
Bruce Cl. KT14: Byfl ..6A 34	Cambria Ct. TW14: Felt ..4B 10	Caxton Av. KT15: Add ..6E 29
Brumana Cl. KT13: Weyb ..6D 30	TW18: Staines ..2C 14	Cecil Cl. TW15: Ashf ..5E 17
Brunel University	Cambria Gdns. TW19: Stanw ..4A 8	Cecil Rd. TW15: Ashf ..5E 17
Runnymede Campus ..**1D 12**	(not continuous)	Cedar Av. TW2: Whit ..3H 11
Brunel Wlk. TW2: Whit ..4G 11	Cambridge Cl. TW4: Houn ..1E 11	Cedar Cl. KT10: Esh ..6F 33
Brunner Ct. KT16: Ott ..5A 28	Cambridge Rd. KT8: W Mole ..3F 27	TW18: Lale ..2G 23
Brunswick Cl. KT12: Walt T ..2C 32	KT12: Walt T ..5B 26	Cedar Ct. KT15: Add ..4G 29
Bryan Cl. TW16: Sun ..5A 18	TW4: Houn ..1E 11	KT16: Ott ..5A 28
Bryanston Av. TW2: Whit ..5H 11	TW12: Hamp ..5F 19	TW20: Egh ..2G 13
Bryony Way TW16: Sun ..4A 18	TW15: Ashf ..5E 17	Cedar Gro. KT13: Weyb ..4E 31
Buckingham Av. KT8: W Mole ..1H 27	Camden Av. TW13: Felt ..5C 10	Cedar Ho. TW16: Sun ..5H 17
TW14: Felt ..3B 10	Camden Cotts. KT13: Weyb ..3C 30	(off Spelthorne Gro.)
Buckingham Cl. TW12: Hamp ..3F 19	Camellia Pl. TW2: Whit ..4H 11	Cedar Rd. KT13: Weyb ..4C 30
Buckingham Ct. TW18: Staines ..2E 15	Camgate Cen., The TW19: Stanw ..3B 8	TW14: Bedf ..5F 9
(off Kingston Rd.)	Camilla Cl. TW16: Sun ..4H 17	Cedars, The KT14: Byfl ..5B 34
Buckingham Gdns. KT8: W Mole ..1H 27	Campaspe Bus. Pk. TW16: Sun ..4H 25	Cedar Way TW16: Sun ..5G 17
Buckingham Rd. TW12: Hamp ..2F 19	Campbell Cl. KT14: Byfl ..5A 34	Celandine Rd. KT12: Hers ..4E 33
Budebury Rd. TW18: Staines ..3E 15	Campbell Rd. KT13: Weyb ..1C 34	Celia Cres. TW15: Ashf ..4H 15
Bulkeley Cl. TW20: Eng G ..3C 12	Camp End Rd. KT13: Weyb ..5E 35	Cell Farm Av. SL4: Old Win ..2B 4
Bundy's Way TW18: Staines ..4D 14	Camrose Av. TW13: Felt ..2C 18	Cemetery La. TW17: Shep ..6D 24
Burbidge Rd. TW17: Shep ..3C 24	Canada Rd. KT14: Byfl ..4A 34	Central Av. KT8: W Mole ..3F 27
Burchetts Way TW17: Shep ..5D 24	Canal Bri. KT15: Add ..6H 29	Central Ct. KT15: Add ..4G 29
Burcote KT13: Weyb ..6F 31	Canford Dr. KT15: Add ..2F 29	Central Pde. KT8: W Mole ..3F 27
Burcott Gdns. KT15: Add ..6G 29	Cannon Cl. TW12: Hamp ..4H 19	TW14: Felt ..4C 10
Burfield Rd. SL4: Old Win ..3A 4	Cannon Way KT8: W Mole ..3G 27	Central Pk. Est. TW4: Houn ..2D 10
Burgess Cl. TW13: Hanw ..2E 19	Canopus Way TW19: Stanw ..4A 8	Central Way TW14: Felt ..2A 10
Burges Way TW18: Staines ..3E 15	Canterbury Ct. TW15: Ashf ..2B 16	Centre, The KT12: Walt T ..1H 31
Burgoyne Rd. TW16: Sun ..4H 17	Canterbury Rd. TW13: Hanw ..6E 11	TW13: Felt ..6A 10
Burhill Rd. KT12: Hers ..6C 32	Cardinal Dr. KT12: Walt T ..1D 32	Century Rd. TW18: Staines ..3A 14
Burlea Cl. TW15: Ashf ..5B 32	Cardinal Rd. TW13: Felt ..5B 10	Cerotus Pl. KT16: Chert ..6D 22
Burleigh Cl. KT15: Add ..5F 29	Cardinals Wlk. TW12: Hamp ..5H 19	Chailey Pl. KT12: Hers ..4E 33
Burleigh Gdns. TW15: Ashf ..3E 17	TW16: Sun ..4G 17	Chalford Ct. KT8: W Mole ..3G 27
Burleigh Rd. KT15: Add ..5F 29		Challenge Rd. TW15: Ashf ..1F 17

A-Z Staines & Chertsey 39

Chalmers Rd.—Compass Cl.

Chalmers Rd. TW15: Ashf 3D 16	Chestnut Av. KT12: W Vill 2G 35	Claremont Rd. TW18: Staines 3B 14
Chalmers Rd. E. TW15: Ashf 2D 16	KT13: Weyb 1E 35	Clarence Cl. KT12: Hers 4B 32
Chalmers Way TW14: Felt 2B 10	TW12: Hamp 5G 19	Clarence Ct. TW20: Egh 3F 13
Chamberlain Wlk. TW13: Hanw 2E 19	Chestnut Cl. KT15: Add 5H 29	(off Clarence St.)
(off Swift Rd.)	TW15: Ashf 2D 16	Clarence Dr. TW20: Eng G 2C 12
Chandler Cl. TW12: Hamp 6G 19	TW16: Sun 4H 17	Clarence Ho. KT12: Hers 5B 32
Chandler Ct. TW14: Felt 3A 10	TW20: Eng G 4B 12	(off Queens Rd.)
Chandlers Cl. TW14: Felt 4H 9	Chestnut Ct. TW13: Hanw 3D 18	Clarence Rd. KT12: Hers 2C 14
Chandos Rd. TW18: Staines 3B 14	Chestnut Cres. KT12: W Vill 2G 35	Clarence St. TW18: Staines 2C 14
Chantry Rd. KT16: Chert 6G 23	(not continuous)	Clarence Ter. TW3: Houn 4F 13
Chapel Av. KT15: Add 4F 29	Chestnut Dr. TW20: Egh 4D 12	Clarendon Ga. KT16: Ott 1H 11
Chapel Gro. KT15: Add 4F 29	Chestnut Gro. TW18: Staines 4G 15	Clarendon Rd. TW15: Ashf 6B 28
Chapel Pk. Rd. KT15: Add 4F 29	Chestnut La. KT13: Weyb 5D 30	Clare Rd. TW4: Houn 2B 16
Chapel Rd. TW3: Houn 1H 11	Chestnut Mnr. Cl. TW18: Staines 3F 15	TW19: Stanw 1F 11
Chapel Sq. GU25: Vir W 3E 21	Chestnut Rd. TW15: Ashf 2D 16	Clay Cl. KT15: Add 5H 7
Chaplin Cres. TW16: Sun 4G 17	Chestnuts, The KT12: Walt T 2A 32	(off Monks Cres.)
Chapter Way TW12: Hamp 6G 19	Chestnut Wlk. KT12: W Vill 2G 35	Clay Cnr. KT16: Chert 1F 29
Chargate Cl. KT12: Hers 6H 31	KT14: Byfl 5A 34	Claydon Ct. TW18: Staines 2E 15
Charlecombe Ct. TW18: Staines 3F 15	TW17: Shep 3G 25	(off Kingston Rd.)
Charles Rd. TW18: Staines 4H 15	Chestnut Way TW13: Felt 1B 18	Clayhall La. SL4: Old Win 2A 4
Charles St. KT16: Chert 1D 28	Cheyne Av. TW2: Whit 5F 11	(not continuous)
Charleston Cl. TW13: Felt 1A 18	Cheyne Rd. TW15: Ashf 5F 17	Clay La. TW19: Stanw 4B 8
Charlotte Ct. KT10: Esh 5H 33	Chichester Cl. TW12: Hamp 4F 19	Cleeve Ct. TW14: Bedf 5G 9
Charlotte M. KT10: Esh 4H 33	Chichester Ct. TW19: Stanw 5A 8	Clements Ct. TW4: Houn 1D 10
(off Heather Pl.)	Chichester Way TW14: Felt 4C 10	Clements Rd. KT12: Walt T 2B 32
CHARLTON 2E 25	Chilbolton TW20: Egh 3E 13	Clerics Wlk. TW17: Shep 6F 25
Charlton Av. KT12: Hers 4B 32	Chilsey Grn. Rd. KT16: Chert 5C 22	Clevedon Rd. KT13: Weyb 5F 31
Charlton Kings KT13: Weyb 3G 31	Chiltern Av. TW2: Whit 5G 11	Cleveland Av. TW12: Hamp 5F 19
Charlton La. TW17: Shep 2E 25	Chiltern Cl. TW18: Staines 3E 15	Cleveland Cl. KT12: Walt T 3B 32
(not continuous)	Chilton Ct. KT12: Walt T 4A 32	Cleveland Dr. TW18: Staines 1F 23
Charlton Rd. TW17: Shep 2E 25	Chrislaine Cl. TW19: Stanw 3H 7	Cleveland Pk. TW19: Stanw 3A 8
Charta Rd. TW20: Egh 3A 14	Christchurch Rd. GU25: Vir W 2A 20	Cleve Pl. KT13: Weyb 5F 31
Charter Cres. TW4: Houn 1E 11	Christopher Ct. TW15: Ashf 3A 16	Cleves Way TW12: Hamp 5F 19
Charter Pl. TW18: Staines 4E 15	Church App. TW17: Stanw 3H 7	TW16: Sun 4H 17
Chartfield Pl. KT13: Weyb 5D 30	TW20: Thorpe 2A 22	Cleves Wood KT13: Weyb 4G 31
Chase, The TW16: Sun 6B 18	Church Cl. KT15: Add 4F 29	Clifford Gro. TW15: Ashf 2C 16
Chaseley Ct. KT13: Weyb 1G 31	TW18: Lale 2G 23	Clifton Av. TW13: Felt 1C 18
Chaseside Gdns. KT16: Chert 6F 23	Church Cotts. KT15: Add 3A 30	Clifton Cl. KT15: Add 2F 29
CHATTERN HILL 2D 16	Churchfield Pl. KT13: Weyb 4C 30	Clifton Ct. TW19: Stanw 3A 8
Chattern Hill TW15: Ashf 2D 16	TW17: Shep 6D 24	Clifton Pde. TW13: Felt 1C 18
Chattern Rd. TW15: Ashf 2D 16	Churchfield Rd. KT12: Walt T 1A 32	Clifton Way TW6: H'row A 1D 8
Chaucer Av. KT13: Weyb 1C 34	KT13: Weyb 4C 30	Clinton Av. KT8: E Mos 3H 27
Chaucer Rd. TW15: Ashf 2A 16	Churchfields KT8: W Mole 2G 27	Clinton Cl. KT13: Weyb 2D 30
Chaucer Way KT15: Add 6E 29	Churchfields Av. KT13: Weyb 4D 30	Cliveden Pl. TW17: Shep 5E 25
Chaworth Cl. KT16: Ott 6A 28	TW13: Hanw 1F 19	Clive Rd. KT10: Esh 4H 33
Chaworth Rd. KT16: Ott 6A 28	Church Grn. KT12: Hers 6C 32	TW14: Felt 3A 10
Cheeseman Cl. TW12: Hamp 4E 19	Churchill Cl. TW14: Felt 5H 9	Clock Ho. Cl. KT14: Byfl 5B 34
Cheffery Ct. TW15: Ashf 4D 16	Churchill Ct. TW18: Staines 4F 15	Clockhouse La. TW14: Bedf 2C 16
Cheltenham Vs. TW19: Stan M 3D 6	Churchill Dr. KT13: Weyb 4E 31	TW15: Ashf 2C 16
Cherimoya Gdns. KT8: W Mole 2H 27	Church Way TW16: Sun 3A 18	Clockhouse La. E. TW20: Egh 5H 13
Cheriton Ct. KT12: Walt T 1C 32	CHURCH LAMMAS 2C 14	Clockhouse La. W. TW20: Egh 5G 13
Cherry Orchard TW18: Staines 3E 15	Church La. KT13: Weyb 4C 30	CLOCKHOUSE RDBT. 5D 8
Cherry Orchard Gdns.	Church M. KT15: Add 4G 29	Close, The GU25: Vir W 4D 20
KT8: W Mole 2F 27	Church Pde. TW15: Ashf 2B 16	KT10: Esh 6H 33
Cherry Orchard Rd. KT8: W Mole 2G 27	Church Rd. KT14: Byfl 6A 34	KT12: Hers 5A 32
Cherry Tree Av. TW18: Staines 4F 15	KT15: Add 5E 29	Clumps, The TW15: Ashf 2F 17
Cherry Way TW17: Shep 3F 25	SL4: Old Win 2B 4	Clyde Rd. TW19: Stanw 5H 7
Cherrywood Av. TW20: Eng G 5B 12	TW13: Hanw 3D 18	Clymping Dene TW14: Felt 4B 10
CHERTSEY 6E 23	TW15: Ashf 1B 16	Clyve Way TW18: Staines 6C 14
Chertsey Abbey (Remains of) 5E 23	TW17: Shep 6D 24	Coach Rd. KT16: Ott 6A 28
Chertsey Bri. Rd. KT16: Chert 6H 23	TW20: Egh 3F 13	Cobbett Rd. TW2: Whit 5G 11
Chertsey Ho. KT16: Chert 1G 29	Church Sq. TW17: Shep 6D 24	Cobbetts Hill KT13: Weyb 6D 30
Chertsey Rd. TW18: Staines 3C 14	Church St. KT10: Esh 4H 33	Cobb's Rd. TW4: Houn 1F 11
CHERTSEY LOCK 6G 23	KT12: Walt T 1A 32	COBHAM 6H 35
CHERTSEY MEADS 1A 30	KT15: Add 4C 30	Cobham Bus Mus. 5E 35
Chertsey Mus. 5E 23	TW12: Hamp 6H 19	Colby Rd. KT12: Walt T 1A 32
(off Windsor St.)	TW16: Sun 2B 26	Coldharbour Cl. TW20: Thorpe 2A 22
Chertsey Rd. KT14: Byfl 4A 34	TW18: Staines 2B 14	Coldharbour La. TW20: Thorpe 2A 22
KT15: Add 2F 29	Church Villa TW16: Sun 2B 26	Colebrook KT16: Ott 6B 28
(not continuous)	Church Wlk. KT12: Walt T 1A 32	Coleridge Rd. TW15: Ashf 2A 16
TW2: Twick 6H 11	KT13: Weyb 3C 30	College Av. TW20: Egh 4H 13
TW13: Felt 1G 17	KT16: Chert 5E 23	College Cl. KT15: Add 3H 29
TW15: Ashf 5F 17	Chuters Cl. KT14: Byfl 5A 34	College Way TW15: Ashf 2B 16
TW16: Sun 4G 17	Cineworld 6B 10	Collingsbourne KT15: Add 4G 29
TW17: Shep 6A 24	Circle Gdns. KT14: Byfl 6B 34	Collingwood Cl. TW2: Whit 4G 11
CHERTSEY SOUTH 3C 28	Circle Rd. KT12: W Vill 2G 35	Collingwood Pl. KT12: Walt T 3A 32
Chertsey Station (Rail) 1D 28	Circuit Cen., The KT13: Weyb 3A 34	Collins Path TW12: Hamp 4F 19
Chertsey Wlk. KT16: Chert 6E 23	Clandon Av. TW20: Egh 5A 14	Colnebridge Cl. TW18: Staines 2C 14
Chervil Cl. TW13: Felt 1D 18	Clare Gdns. TW20: Egh 3G 13	Colne Dr. KT12: Walt T 3D 32
Cheshire Cl. KT16: Ott 6A 28	Clare Hill KT10: Esh 6H 33	Colne Reach TW19: Stan M 2D 6
Cheshire Ho. KT16: Ott 6B 28	Claremont TW17: Shep 5D 24	Colne Way TW19: Staines 6H 5
(off Cheshire Cl.)	(off Laleham Rd.)	Colonel's La. KT16: Chert 5E 23
Chessholme Ct. TW16: Sun 5G 17	Claremont Av. KT10: Esh 6F 33	Colonial Av. TW2: Whit 4H 11
(off Scotts Av.)	KT12: Hers 4D 32	Colonial Rd. TW14: Felt 4G 9
Chessholme Rd. TW15: Ashf 4E 17	TW16: Sun 6B 18	Comet Rd. TW19: Stanw 4H 7
Chester Av. TW2: Whit 5F 11	Claremont Cl. KT12: Hers 5C 32	Commercial Rd.
Chester Cl. TW15: Ashf 3F 17	Claremont Dr. TW17: Shep 5D 24	TW18: Staines 4E 15
Chesterfield M. TW15: Ashf 2A 16	Claremont End KT10: Esh 6H 33	Community Way KT10: Esh 4H 33
Chesterfield Rd. TW15: Ashf 2A 16	Claremont La. KT10: Esh 5H 33	Compass Cl. TW15: Ashf 5E 17
Chesterton Dr. TW19: Stanw 5B 8	Claremont Pk. Rd. KT10: Esh 6H 33	

Compton Gdns.—Digby Way

Compton Gdns. *KT15: Add* *5F* ***29***
(off Monks Cres.)
Condor Rd. TW18: Lale 2G **23**
Conifer Ct. *TW15: Ashf* *3B* ***16***
(off Crescent, The)
Conifer La. TW20: Egh 3A **14**
Conifers KT13: Weyb 4G **31**
Coniston Ct. KT13: Weyb 6D **30**
TW15: Ashf 1H **15**
Coniston Rd. TW2: Whit 3H **11**
Coniston Way TW20: Egh 5H **13**
Connaught Av. TW4: Houn 1E **11**
TW15: Ashf 2A **16**
Connaught Dr. KT13: Weyb 4C **34**
Connolly Ct. GU25: Vir W 3E **21**
Conquest Rd. KT15: Add 5E **29**
Constance Rd. TW2: Whit 4H **11**
Convent La. KT11: Cobh 4G **35**
Convent Lodge TW15: Ashf 3D **16**
Convent Rd. TW15: Ashf 3C **16**
Conway Dr. TW15: Ashf 4E **17**
Conway Rd. TW4: Houn 4F **11**
TW13: Hanw 3D **18**
Conway Wlk. TW12: Hamp 4F **19**
Conyers Cl. KT12: Hers 5D **32**
Coolgardie Rd. TW15: Ashf 3E **17**
Coombe Cl. TW3: Houn 1G **11**
Coombe Cres. TW12: Hamp 5F **19**
Coombe Dr. KT15: Add 6D **28**
Coombelands La. KT15: Add 6E **29**
Coombe La. KT12: W Vill 2H **35**
Coombe Rd. TW12: Hamp 4F **19**
Coombe Way KT14: Byfl 5B **34**
Coopers Cl. TW18: Staines 3C **14**
Coopers Hill La. TW20: Egh, Eng G 1C **12**
(not continuous)
Coopers La. TW18: Staines 2E **15**
Copenhagen Way KT12: Walt T 3B **32**
Copperfield Ri. KT15: Add 5D **28**
Coppermill Rd. TW19: Wray 3G **5**
Coppice, The TW15: Ashf 4D **16**
Coppice Dr. TW19: Wray 4D **4**
Coppsfield KT8: W Mole 2G **27**
Copsem Dr. KT10: Esh 6H **33**
Copsem La. KT10: Esh, Oxs 6H **33**
Copsem Way KT10: Esh 6H **33**
Copthorne Chase TW15: Ashf 2B **16**
Copthorne Cl. TW17: Shep 5E **25**
Corby Cl. TW20: Eng G 4C **12**
Corby Dr. TW20: Eng G 4B **12**
Cordelia Gdns. TW19: Stanw 4A **8**
Cordelia Rd. TW19: Stanw 4A **8**
Corderoy Pl. KT16: Chert 5C **22**
Cordrey Ho. KT15: Add 2E **29**
Corinthian Way TW19: Stanw 4H **7**
Cornerside TW15: Ashf 5E **17**
Cornhill Cl. KT15: Add 2F **29**
Cornwall Av. KT14: Byfl 6B **34**
Cornwall Way TW18: Staines 4C **14**
Cornwell Rd. SL4: Old Win 3A **4**
Coronation Wlk. TW2: Whit 5G **11**
Corporate Dr. TW13: Felt 1B **18**
Corporation Av. TW4: Houn 1E **11**
Corrie Gdns. GU25: Vir W 6C **20**
Corrie Rd. KT15: Add 4H **29**
Corsair Cl. TW19: Stanw 4H **7**
Corsair Rd. TW19: Stanw 4A **8**
Cotswold Cl. TW18: Staines 3E **15**
Cotswold Rd. TW12: Hamp 3G **19**
Cottage Cl. KT16: Ott 6A **28**
Cott. Farm Way TW20: Thorpe 2A **22**
Cottimore Av. KT12: Walt T 1B **32**
Cottimore Cres. KT12: Walt T 6B **26**
Cottimore La. KT12: Walt T 6B **26**
(not continuous)
Cottimore Ter. KT12: Walt T 6B **26**
Cottington Rd. TW13: Hanw 2D **18**
Countisbury Gdns. KT15: Add 5F **29**
Country Way TW13: Hanw 4B **18**
Courland Rd. KT15: Add 3F **29**
Court Cl. TW2: Twick 1H **19**
Court Cl. Av. TW2: Twick 1H **19**
Court Farm Ind. Est. TW19: Stanw 3B **8**
Courtfield Rd. TW15: Ashf 4D **16**
Courtlands KT12: Walt T 6A **26**
Courtlands Av. KT10: Esh 6F **33**
TW12: Hamp 4F **19**
Cowley Av. KT16: Chert 6D **22**
Cowley Cres. KT12: Hers 4C **32**
Cowley La. KT16: Chert 6D **22**
Cowley Lodge KT16: Chert 6D **22**
Cowper Cl. KT16: Chert 5D **22**
Coxs Av. TW17: Shep 2G **25**
Crabtree Office Village
TW20: Thorpe 1A **22**
Crabtree Rd. TW20: Thorpe 1A **22**
Craigwell Av. TW13: Felt 1A **18**
Craigwell Cl. TW18: Staines 6C **14**
Cramond Ct. TW14: Bedf 5G **9**
Cranbourne Cl. KT12: Hers 6C **32**
Cranbrook Dr. KT10: Esh 1H **33**
TW2: Whit 5H **11**
Cranbrook Rd. TW4: Houn 1F **11**
Crane Ho. TW13: Hanw 1G **19**
Crane Pk. Island Nature Reserve 6F **11**
Crane Pk. Rd. TW2: Whit 6H **11**
Crane Rd. TW19: Stanw 3C **8**
Cranford Av. TW19: Stanw 4A **8**
Cranford Cl. TW19: Stanw 4A **8**
Cranford La. TW6: H'row A 1H **9**
Cranford Ri. KT10: Esh 5H **33**
Cranleigh Rd. TW13: Felt 2H **17**
Cranley Rd. KT12: Hers 5H **31**
Cranmer Cl. KT13: Weyb 1C **34**
Cranmer Rd. TW12: Hamp H 3H **19**
Cranwell Gro. TW17: Shep 3B **24**
Cravan Av. TW13: Felt 6A **10**
Crawshaw Rd. KT16: Ott 6B **28**
Crayonne Cl. TW16: Sun 6G **17**
Creek, The TW16: Sun 4A **26**
Crescent, The KT8: W Mole 3G **27**
KT13: Weyb 3C **30**
KT16: Chert 3E **23**
TW15: Ashf 3B **16**
TW17: Shep 6H **25**
TW20: Egh 4E **13**
Crescent Rd. TW17: Shep 4E **25**
Cresswell Ho. *TW19: Stanw* *3A* ***8***
(off Douglas Rd.)
Cresswell Rd. TW13: Hanw 1E **19**
Crestwood Way TW4: Houn 2E **11**
Cricket Vw. KT13: Weyb 5D **30**
Cricket Way KT13: Weyb 2G **31**
Crimp Hill SL4: Eng G, Old Win 4A **4**
TW20: Eng G 1A **12**
Crispen Rd. TW13: Hanw 2E **19**
Crockford Cl. KT15: Add 4G **29**
Crockford Pk. Rd. KT15: Add 5G **29**
Croft Cnr. SL4: Old Win 2B **4**
Crofters SL4: Old Win 3A **4**
Crofters Cl. TW19: Stanw 3G **7**
Crofton Av. KT12: Walt T 3C **32**
Crofts, The TW17: Shep 3G **25**
Cromwell Cl. KT12: Walt T 1B **32**
Cromwell Rd. KT12: Walt T 1B **32**
TW3: Houn 1G **11**
TW13: Felt 5B **10**
Cromwell St. TW3: Houn 1G **11**
CROOKED BILLET RDBT. **2E 15**
Crosby Cl. TW13: Hanw 1E **19**
Crossfield Pl. KT13: Weyb 1D **34**
Cross Lances Rd. TW3: Houn 1H **11**
Crossland Ho. *GU25: Vir W* *3E* ***21***
(off Holloway Dr.)
Crosslands KT16: Chert 4C **28**
Cross La. KT16: Ott 6A **28**
Cross Rd. KT13: Weyb 3F **31**
TW13: Hanw 2E **19**
Crossway KT12: Walt T 2B **32**
Crossways TW16: Sun 5H **17**
TW20: Egh 4B **14**
Crosswell Cl. TW17: Shep 1E **25**
Crouch Oak La. KT15: Add 4G **29**
Crown Cl. KT12: Walt T 6C **26**
Crown La. GU25: Vir W 5D **20**
Crown Ri. KT16: Chert 1D **28**
Crown Rd. GU25: Vir W 5C **20**
Crown St. TW20: Egh 2G **13**
Croxall Ho. KT12: Walt T 5C **26**
Croysdale Av. TW16: Sun 2A **26**
Crutchfield La. KT12: Walt T 2B **32**
Cuckoo Pound TW17: Shep 4G **25**
Culverden Ct. *KT13: Weyb* *3F* ***31***
(off Oatlands Dr.))
Culverden Ter. KT13: Weyb 3F **31**
Cumberland Pl. TW16: Sun 3A **26**
Cumberland Rd. TW15: Ashf 1H **15**
Cumberland St. TW18: Staines 3B **14**
Cumbernauld Gdns. TW16: Sun 3H **17**
Curfew Bell Rd. KT16: Chert 6D **22**
Curtis Rd. TW4: Houn 4F **11**
Curzon Cl. KT13: Weyb 4C **30**
Curzon Rd. KT13: Weyb 5C **30**
Cyclamen Cl. TW12: Hamp 4G **19**
Cygnet Av. TW14: Felt 4C **10**
Cygnets, The
TW13: Hanw 2E **19**
TW18: Staines 3D **14**
Cypress Ct. GU25: Vir W 3E **21**
Cypress Wlk. TW20: Eng G 4B **12**

D

D'Abernon Cl. KT10: Esh 4G **33**
Daffodil Pl. TW12: Hamp 4G **19**
Daisy Mdw. TW20: Egh 3G **13**
Dale Cl. KT15: Add 5F **29**
Daleham Av. TW20: Egh 4G **13**
Dale Rd. KT12: Walt T 6H **25**
TW16: Sun 5H **17**
Dallington Cl. KT12: Hers 6C **32**
Danehurst Cl. TW20: Egh 4E **13**
Dane Rd. TW15: Ashf 4E **17**
Danesbury Rd. TW13: Felt 5B **10**
Danesfield Cl. KT12: Walt T 3B **32**
Daneswood Cl. KT13: Weyb 5D **30**
Daniel Cl. TW4: Houn 4F **11**
Daniel Lambert Mill *KT15: Add* *5A* ***30***
(off Bourneside Rd.)
Darby Cres. TW16: Sun 1C **26**
Darby Gdns. TW16: Sun 1C **26**
Darley Cl. KT15: Add 5G **29**
Darley Dene Ct. KT15: Add 4G **29**
Darnley Pk. KT13: Weyb 3D **30**
Dashwood Lang Rd.
KT15: Add 4H **29**
Datchet Rd. SL4: Old Win 1A **4**
David Lloyd Leisure 3C **34**
Davis Rd. KT13: Weyb 3B **34**
Dawes Ct. KT10: Esh 4H **33**
Dawson Rd. KT14: Byfl 4A **34**
Dax Ct. TW16: Sun 2C **26**
Deacons Wlk. TW12: Hamp 2G **19**
Dean Rd. TW3: Houn 2H **11**
TW12: Hamp 3G **19**
De Brome Rd. TW13: Felt 5C **10**
Deerhurst Cl. TW13: Felt 2B **18**
De Havilland Dr. KT13: Weyb 4A **34**
De Havilland Way
TW19: Stanw 3H **7**
Dell, The TW14: Felt 4B **10**
TW20: Eng G 1A **12**
Dellbow Rd. TW14: Felt 2B **10**
Delta Way TW20: Thorpe 6A **14**
Dencliffe TW15: Ashf 3C **16**
Dene, The KT8: W Mole 4F **27**
Denham Rd. TW14: Felt 4C **10**
TW20: Egh 2G **13**
Denison Rd. TW13: Felt 2H **17**
Denman Dr. TW15: Ashf 4D **16**
Denmark Ct. *KT13: Weyb* *3D* ***30***
(off Grotto Rd.)
Denning Cl. TW12: Hamp 3F **19**
Dennis Cl. TW15: Ashf 5F **17**
Dennis Rd. KT8: E Mos 3H **27**
Denton Gro. KT12: Walt T 2E **33**
Derby Rd. TW3: Houn 1H **11**
Deri Dene Cl. TW19: Stanw 3A **8**
De Ros Pl. TW20: Egh 4G **13**
Derwent Cl. KT15: Add 5H **29**
TW14: Felt 5H **9**
Derwent Rd. TW2: Whit 3H **11**
TW20: Egh 5H **13**
Desborough Cl. TW17: Shep 6C **24**
Desford Ct. TW15: Ashf 6C **8**
Desford Way TW15: Ashf 6B **8**
Devil's La. TW18: Staines 5B **14**
TW20: Egh 4A **14**
Devoke Way KT12: Walt T 2D **32**
Devon Ct. TW12: Hamp 5G **19**
Devon Rd. KT12: Hers 4C **32**
Devonshire Rd. KT13: Weyb 4C **30**
TW13: Hanw 1E **19**
Diamedes Av. TW19: Stanw 4H **7**
Dianthus Cl. KT16: Chert 6C **22**
Dickens Dr. KT15: Add 6D **28**
Dickenson Rd. TW13: Hanw 3C **18**
Dick Turpin Way TW14: Felt 1H **9**
Digby Way KT14: Byfl 5B **34**

A-Z Staines & Chertsey 41

Dingle Rd.—Fairlawn Cl.

Dingle Rd. TW15: Ashf	3D 16
Dixon Dr. KT13: Weyb	3B 34
Dockett Eddy KT16: Chert	1A 30
Dockett Eddy La. TW17: Shep	1B 30
Dockett Moorings KT16: Chert	1A 30
Dockwell Cl. TW14: Felt	1A 10
Dockwell's Ind. Est. TW14: Felt	2B 10
Dolphin Ct. TW18: Staines	1E 15
Dolphin Cl. Nth. TW18: Staines	1E 15
Dolphin Est. TW16: Sun	6G 17
Dolphin Rd. TW16: Sun	6G 17
Dolphin Rd. Nth. TW16: Sun	6G 17
Dolphin Rd. Sth. TW16: Sun	6F 17
Dolphin Rd. W. TW16: Sun	6G 17
Dorchester Ct. TW18: Staines	2E 15
Dorchester Dr. TW14: Bedf	3G 9
Dorchester Rd. KT13: Weyb	3D 30
Doris Rd. TW15: Ashf	4F 17
Dorly Cl. TW17: Shep	4G 25
Dorney Gro. KT13: Weyb	2D 30
Dorney Way TW4: Houn	2E 11
Dorset Rd. TW15: Ashf	1H 15
Dorset Way KT14: Byfl	3A 34
Douglas La. TW19: Wray	2F 5
Douglas Rd. KT10: Esh	2H 33
KT15: Add	3F 29
TW3: Houn	1H 11
TW19: Stanw	3H 7
Doultons, The TW18: Staines	5E 15
Dove Cote Cl. KT13: Weyb	3D 30
Dovehouse Grn. KT13: Weyb	3F 31
Dowgate Ho. KT13: Weyb	3C 30
Downham Cl. KT12: Walt T	3C 32
(off Long Lodge Dr.)	
Downside KT16: Chert	1D 28
TW16: Sun	6A 18
Downside Ind. Est. KT16: Chert	1D 28
Down St. KT8: W Mole	4G 27
D'Oyly Carte Island KT13: Weyb	1D 30
Dragon La. KT13: Weyb	4C 34
Drake Av. TW18: Staines	3D 14
Drake's Cl. KT10: Esh	4G 33
Drapers Cres. KT12: W Vill	3H 35
Drayton Cl. TW4: Houn	2F 11
Dresden Way KT13: Weyb	5E 31
Drewitts Ct. KT12: Walt T	1H 31
Drill Hall Rd. KT16: Chert	6E 23
Drive, The GU25: Vir W	4F 21
KT10: Esh	1H 33
TW14: Felt	4C 10
TW15: Ashf	5F 17
TW19: Wray	2D 4
Drynham Pk. KT13: Weyb	3G 31
Duchess Cl. KT13: Weyb	3F 31
Dudley Cl. KT15: Add	3G 29
Dudley Rd. KT12: Walt T	5A 26
TW14: Bedf	5E 9
TW15: Ashf	3B 16
Dugdale Ho. TW20: Egh	3A 14
(off Pooley Grn. Rd.)	
Dukes Av. TW4: Houn	1E 11
Dukes Cl. TW12: Hamp	3F 19
TW15: Ashf	2E 17
Dukes Ct. KT15: Add	4G 29
Dukes Grn. Av. TW14: Felt	2A 10
Dukes Rd. KT12: Hers	5D 32
Dumsey Eyot KT16: Chert	6A 24
Dunally Pk. TW17: Shep	6F 25
Dunbar Ct. KT12: Walt T	1C 32
Dunboe Pl. TW17: Shep	6E 25
Duncan Gdns. TW18: Staines	4E 15
Duncombe Ct. TW18: Staines	5D 14
Duncroft Mnr. TW18: Staines	2C 14
Dundas Gdns. KT8: W Mole	2H 27
Dunfee Way KT14: Byfl	5A 34
Dunleary Cl. TW4: Houn	4F 11
Dunmow Cl. TW13: Hanw	1E 19
Dunmow Ho. KT14: Byfl	6A 34
Dunsmore Rd. KT12: Walt T	5B 26
Dunstable Rd. KT8: W Mole	3F 27
Dunstall Way KT8: W Mole	2H 27
Dunston Ct. TW18: Staines	2E 15
Dunvegan Cl. KT8: W Mole	3H 27
Duppas Cl. TW17: Shep	4F 25
Durham Rd. TW14: Felt	4C 10
Durrell Way TW17: Shep	5F 25
Dutch Barn Cl. TW19: Stanw	3H 7
Duxberry Av. TW13: Felt	1C 18
Dyer Ho. TW12: Hamp	6H 19

E

East Av. KT12: W Vill	3H 35
Eastbank Rd. TW12: Hamp H	3H 19
EAST BEDFONT	4G 9
Eastbourne Rd. TW13: Felt	6D 10
Eastchurch Rd. TW6: H'row A	1H 9
Eastcote Av. KT8: W Mole	4F 27
East Dr. GU25: Vir W	6A 20
Eastern Av. KT16: Chert	2E 23
Eastleigh Way TW14: Felt	5A 10
EASTLY END	2C 22
East Mall TW18: Staines	2D 14
(in Elmsleigh Shop. Cen.)	
East Rd. KT13: Weyb	1F 35
TW14: Bedf	4F 9
Eastwick Rd. KT12: Hers	6B 32
Eastwood KT13: Weyb	6F 31
EASTWORTH	1F 29
Eastworth Rd. KT16: Chert	1E 29
Eaves Cl. KT15: Add	6G 29
Echelforde Dr. TW15: Ashf	2C 16
Ecton Rd. KT15: Add	4F 29
Eddystone Wlk. TW19: Stanw	4A 8
Eden Gro. Rd. KT14: Byfl	6A 34
Edgar Rd. TW4: Houn	4F 11
Edge Cl. KT13: Weyb	1C 34
Edgehill Ct. KT12: Walt T	1C 32
Edgel Cl. GU25: Vir W	2F 21
Edgell Rd. TW18: Staines	3D 14
Edinburgh Dr. TW18: Staines	4H 15
Edmund Gro. TW13: Hanw	6F 11
Edward Ct. TW18: Staines	4G 15
Edward Rd. TW14: Felt	2F 9
Edward Way TW15: Ashf	6B 8
Edwin Stray Ho. TW13: Hanw	6G 11
Egerton Pl. KT13: Weyb	6E 31
Egerton Rd. KT13: Weyb	6E 31
EGHAM	3G 13
Egham Bus. Village TW20: Thorpe	1A 22
Egham By-Pass TW20: Egh	3F 13
Egham Hill TW20: Egh, Eng G	4D 12
EGHAM HYTHE	3C 14
Egham Mus.	3G 13
Egham Rdbt. TW18: Staines	3C 14
Egham Sports Cen.	4H 13
Egham Station (Rail)	3G 13
EGHAM WICK	5A 12
Egmont Ct. KT12: Walt T	6B 26
Egmont Rd. KT12: Walt T	6B 26
Eldon Ct. KT13: Weyb	5E 31
Eldrick Ct. TW14: Bedf	5F 9
Eldridge Cl. TW14: Felt	5A 10
Elgin Av. TW15: Ashf	4E 17
Elgin Pl. KT13: Weyb	6E 31
Elgin Rd. KT13: Weyb	5C 30
Elizabethan Cl. TW19: Stanw	4H 7
Elizabethan Way TW19: Stanw	4H 7
Elizabeth Av. TW18: Staines	4G 15
Elizabeth Ct. KT13: Weyb	4F 31
TW16: Sun	2C 26
(off Elizabeth Gdns.)	
Elizabeth Gdns. TW16: Sun	2C 26
Elizabeth Hart Ct. KT13: Weyb	5B 30
Elizabeth Way TW13: Hanw	2C 18
Elland Rd. KT12: Walt T	2D 32
Ellerman Av. TW2: Whit	5F 11
Ellesmere Ct. KT13: Weyb	6G 31
Ellesmere Pl. KT12: Hers	5G 31
Ellesmere Rd. KT13: Weyb	1G 35
Ellies M. TW15: Ashf	6A 8
Ellington Rd. TW13: Felt	2H 17
Elliott Gdns. TW17: Shep	3C 24
Elm Av. TW19: Stanw	6A 8
Elmbank Av. TW20: Eng G	4B 12
Elmbridge Leisure Cen.	4B 26
Elmbridge Mus.	4C 30
Elmbrook Cl. TW16: Sun	6B 18
Elm Cl. TW2: Twick	6H 11
TW19: Stanw	5H 7
Elm Ct. KT8: W Mole	3H 27
TW16: Sun	5H 17
(off Grangewood Dr.)	
Elmcroft Cl. TW14: Felt	3H 9
Elmcroft Dr. TW15: Ashf	3C 16
Elmdon Rd. TW6: H'row A	1H 9
Elm Dr. TW16: Sun	1C 26
Elm Farm Cvn. Pk. KT16: Lyne	6H 21
Elmgate Av. TW13: Felt	1B 18
Elm Gro. KT12: Walt T	1A 32
Elmgrove Rd. KT13: Weyb	4C 30
Elm Rd. TW14: Bedf	5F 9
Elms, The TW15: Ashf	3C 16
Elmsleigh Cen., The TW18: Staines	2D 14
Elmsleigh Rd. TW18: Staines	3D 14
Elmsway TW15: Ashf	3C 16
Elm Tree Cl. KT16: Chert	2C 28
TW15: Ashf	3D 16
Elmtree Cl. KT14: Byfl	6C 26
Elmwood Av. TW13: Felt	6A 10
Elsinore Av. TW19: Stanw	4A 8
Elsworth Cl. TW14: Bedf	5G 9
Elthorne Rd. TW13: Felt	5C 10
Elvedon Rd. TW13: Felt	1H 17
Elwell Cl. TW20: Egh	4G 13
Emanuel Dr. TW12: Hamp	3F 19
Embankment, The TW19: Wray	4C 4
Embankment Ho. TW16: Chert	1G 29
Ember Cen. KT12: Walt T	2E 33
Ember Cl. KT15: Add	5H 29
Embleton Wlk. TW12: Hamp	3F 19
Emley Rd. KT15: Add	3E 29
Emmeline Ct. KT12: Walt T	6C 26
Endsleigh Gdns. KT12: Hers	5C 32
Englefield Cl. TW20: Eng G	4C 12
ENGLEFIELD GREEN	3C 12
Engleheart Dr. TW14: Felt	3H 9
Englehurst TW20: Eng G	4C 12
English Gdns. TW19: Wray	1D 4
Ennerdale Cl. TW14: Felt	5H 9
Ensign Cl. TW19: Stanw	5H 7
Ensign Way TW19: Stanw	5H 7
Enterprise Ho. KT12: Walt T	6B 26
Eriswell Cres. KT12: Hers	6G 31
Eriswell Rd. KT12: Hers	4H 31
Erkenwald Cl. KT16: Chert	6C 22
Escot Rd. TW16: Sun	5G 17
Escott Pl. KT16: Ott	6A 28
ESHER	4H 33
Esher Av. KT12: Walt T	6A 26
Esher By-Pass KT11: Cobh	6H 35
Esher Cl. KT10: Esh	5H 33
Esher Grn. KT10: Esh	4H 33
Esher Grn. Dr. KT10: Esh	3H 33
Esher Pk. Av. KT10: Esh	4H 33
Esher Pl. Av. KT10: Esh	4G 33
Esher Rd. KT12: Hers	5D 32
Essex Cl. KT15: Add	4G 29
Estridge Cl. TW3: Houn	1G 11
Ethel Rd. TW15: Ashf	3A 16
Eton Ct. TW18: Staines	3D 14
Evans Gro. TW13: Hanw	6G 11
Evans Ho. TW13: Hanw	6G 11
Evelyn Cl. TW2: Whit	4H 11
Evelyn Cres. TW16: Sun	6H 17
Evelyn Way TW16: Sun	6H 17
Everest Rd. TW19: Stanw	4H 7
Evergreen Ct. TW19: Stanw	4H 7
Evergreen Oak Av. SL4: Wind	1A 4
Evergreen Way TW19: Stanw	4H 7
Eversley Way TW20: Thorpe	1A 22
Exeforde Av. TW15: Ashf	2C 16
Exeter Ho. TW13: Hanw	6F 11
(off Watermill Way)	
Exeter Rd. TW13: Hanw	1F 19
Explorer Av. TW19: Stanw	5A 8
Eyston Dr. KT13: Weyb	3C 34

F

Faggs Rd. TW14: Felt	1H 9
Fairfax Cl. KT12: Walt T	1B 32
Fairfield App. TW19: Wray	3D 4
Fairfield Av. TW2: Whit	5H 11
TW18: Staines	2D 14
Fairfield Rd. TW19: Wray	3D 4
Fairfields KT16: Chert	1E 29
Fairhaven TW20: Egh	3F 13
Fairholme TW14: Bedf	4F 9
Fairholme Rd. TW15: Ashf	3A 16
Fairlawn KT13: Weyb	5G 31
Fairlawn Cl. TW13: Hanw	2F 19

42 A-Z Staines & Chertsey

Fairlawns—Giles Travers Cl.

Fairlawns KT15: Add 5F 29
　TW16: Sun 2A 26
Fairlawns Cl. TW18: Staines 4F 15
Fairlight TW12: Hamp H 3H 19
Fairoaks Ct. *KT15: Add* 5F 29
　(off Lane Cl.)
Fairview Ct. TW15: Ashf 3C 16
Fairview Dr. TW17: Shep 4B 24
Fairway GU25: Vir W 5C 20
　KT16: Chert 1F 29
Fairway, The KT8: W Mole 2H 27
　KT13: Weyb 4C 34
Fairway Cl. TW4: Houn 2C 10
　(Green La.)
　TW4: Houn 2D 10
　(Staines Rd.)
Fairways TW15: Ashf 4D 16
Falaise TW20: Egh 3E 13
Falcon Dr. TW19: Stanw 3H 7
Falcon Rd. TW12: Hamp 5F 19
Falcon Way TW14: Felt 2B 10
　TW16: Sun 1G 25
Falconwood TW20: Egh 3E 13
Falmouth Rd. KT12: Hers 4C 32
Faraday Pl. KT8: W Mole 3G 27
Faraday Rd. KT8: W Mole 3G 27
Fareham Rd. TW14: Felt 4C 10
Farington Acres KT13: Weyb 3F 31
Farleton Cl. KT13: Weyb 6F 31
Farm Cl. KT14: Byfl 5B 34
　KT16: Lyne 5G 21
　TW17: Shep 6C 24
　TW18: Staines 3C 14
Farm Dr. SL4: Old Win 3B 4
Farmers Rd. TW18: Staines 3C 14
Farm La. KT15: Add 6E 29
Farmleigh Gro. KT12: Hers 5H 31
Farm Rd. KT10: Esh 1H 33
　TW4: Houn 5E 11
　TW18: Staines 4F 15
Farm Way TW19: Stan M 3D 6
Farnell M. KT13: Weyb 3D 30
Farnell Rd. TW18: Staines 1E 15
Farrier Cl. TW16: Sun 3A 26
Faulkners Rd. KT12: Hers 5C 32
Fawns Mnr. Cl. TW14: Bedf 5E 9
Fawns Mnr. Rd. TW14: Bedf 5F 9
Fearnley Cres. TW12: Hamp 3E 19
Feathers La. TW19: Wray 6G 5
Felbridge Ct. *TW13: Felt* 5B 14
　(off High St.)
Felcott Cl. KT12: Hers 3C 32
Felcott Rd. KT12: Hers 3C 32
Felix La. TW17: Shep 5G 25
Felix Rd. KT12: Walt T 5A 26
FELTHAM **6A 10**
Feltham Airparcs Leisure Cen. **6D 10**
Feltham Arenas **4A 10**
Felthambrook Ind. Est. TW13: Felt 1B 18
Felthambrook Way TW13: Felt 1B 18
Feltham Bus. Complex TW13: Felt 6B 10
Feltham College Sports Cen. **6C 10**
Feltham Corporate Cen. TW13: Felt 1B 18
FELTHAMHILL **3H 17**
Feltham Hill Rd. TW15: Ashf 3C 16
Feltham Rd. TW15: Ashf 2C 16
Feltham Station (Rail) **5B 10**
Fenner Ho. KT12: Hers 4A 32
Fenton Av. TW18: Staines 4G 15
Fernbank Av. KT12: Walt T 6E 27
Fernbank Rd. KT15: Add 5E 29
Ferndale Av. KT16: Chert 3C 28
Ferndale Rd. TW15: Ashf 3H 15
Fernery, The TW18: Staines 3C 14
Ferney Cl. KT14: Byfl 5A 34
Ferney Rd. KT14: Byfl 5A 34
Fern Gro. TW14: Felt 4B 10
Fernhurst Rd. TW15: Ashf 2E 17
Fernihough Cl. KT13: Weyb 3C 34
Fernlands Cl. KT16: Chert 3C 28
Fernleigh Cl. KT12: Walt T 3B 22
Fernside Av. TW13: Felt 2B 18
Fern Wlk. TW15: Ashf 3H 15
Ferry Av. TW18: Staines 5C 14
Ferry La. KT16: Chert 4E 23
　TW17: Shep 1C 30
　TW18: Lale 2G 15
　TW19: Wray 6H 5
Ferry Rd. KT8: W Mole 2G 27
Field Cl. KT8: W Mole 4H 27

FIELDCOMMON **6F 27**
Fieldcommon La. KT12: Walt T 1E 33
Fieldhurst Cl. KT15: Add 5F 29
Fielding Av. TW2: Twick 1H 19
Field Rd. TW14: Felt 3B 10
Field Vw. TW13: Felt 2F 17
　TW20: Egh 3A 14
Fieldview Dr. TW18: Staines 3E 15
Fifehead Cl. TW15: Ashf 4A 16
Finch Dr. TW14: Felt 4D 10
Findon Ct. KT15: Add 5D 28
Finlay Gdns. KT15: Add 4G 29
Finnart Cl. KT13: Weyb 4E 31
Finnart Ho. Dr. KT13: Weyb 4E 31
Firbank Pl. TW20: Eng G 4B 12
Fir Cl. KT12: Walt T 6A 26
Firfield Rd. KT15: Add 4E 29
Firfields KT13: Weyb 6D 30
Fir Grange Av. KT13: Weyb 5D 30
Firlands KT13: Weyb 6G 31
Fir Rd. TW13: Hanw 3D 18
Firs, The TW14: Byfl 5A 34
Firsdene Cl. KT16: Ott 6B 28
First Av. KT8: W Mole 3F 27
　KT12: Walt T 5B 26
First Cl. KT8: W Mole 2H 27
Fir Tree Cl. KT10: Esh 5H 33
Fir Tree Pl. TW15: Ashf 3C 16
Fir Tree Rd. TW4: Houn 1E 11
Fisher Cl. KT12: Hers 4B 32
Fisherman Cl. KT16: Chert 1G 29
Fishing Temple Pk. Homes
　TW18: Staines 6D 14
Fitzrobert Pl. TW20: Egh 4G 13
Fitzwygram Cl. TW12: Hamp H 3H 19
Five Ways Bus. Cen.
　TW13: Felt 1B 18
Flanders Ct. TW20: Egh 3A 14
Fleet Cl. KT8: W Mole 4F 27
Fleet La. KT8: W Mole 5F 27
Fleetside KT8: W Mole 4F 27
Fleetway TW20: Thorpe 2A 22
Fleetwood Ct. TW19: Stanw 3H 7
Flemish Flds. KT16: Chert 6E 23
Fletcher Cl. KT16: Ott 6C 28
Fletcher Rd. KT16: Ott 6C 28
Flintlock Way TW19: Stan M 1E 7
Flockton Rd. KT13: Weyb 2C 30
Floral Ho. *KT16: Chert* 1D 28
　(off Fox La. Sth.)
Florence Cl. KT12: Walt T 6B 26
Florence Gdns. TW18: Staines 5F 15
Florence Rd. KT12: Walt T 6B 26
　TW13: Felt 5B 10
Florida Ct. TW18: Staines 2E 15
Flower Cres. KT16: Ott 6A 28
Follett Cl. SL4: Old Win 3B 4
Fontmell Cl. TW15: Ashf 3C 16
Fontmell Pk. TW15: Ashf 3B 16
　(not continuous)
Fordbridge Cl. KT16: Chert 1F 29
Fordbridge Ct. TW15: Ashf 4A 16
Fordbridge Pk. TW16: Sun 5H 25
Fordbridge Rd. TW15: Ashf 4A 16
　TW16: Sun 5G 25
　TW17: Shep 5G 25
FORDBRIDGE RDBT. **4A 16**
Ford Cl. TW15: Ashf 4A 16
　TW17: Shep 3C 24
Ford Rd. KT16: Chert 1F 29
　TW15: Ashf 2B 16
Fordwater Rd. KT16: Chert 1F 29
Fordwater Trad. Est. KT16: Chert 1G 29
Forest Dr. TW16: Sun 5H 17
Forest Rd. TW13: Felt 6C 10
Forge La. TW13: Hanw 3E 19
　TW16: Sun 2A 26
Fortescue Rd. KT13: Weyb 4B 30
Forum, The KT8: W Mole 3H 27
Foundry Cl. KT16: Chert 6E 23
Foundry M. *KT16: Chert* 6E 23
　(off Gogmore La.)
Fountains Av. TW13: Hanw 1F 19
Fountains Cl. TW13: Hanw 6F 11
　(not continuous)
Four Sq. Ct. TW3: Houn 3G 11
Fox Cl. KT13: Weyb 5F 31
Foxglove Cl. TW15: Stanw 5H 7
Fox Gro. KT12: Walt T 6B 26
Foxhills Cl. KT16: Ott 6A 28

Foxhills Rd. KT16: Ott 5A 28
Foxholes KT13: Weyb 5F 31
Foxlake Rd. KT14: Byfl 5B 34
Fox La. Nth. KT16: Chert 1D 28
Fox La. Sth. KT16: Chert 1D 28
Foxwood Cl. TW13: Felt 1B 18
Frampton Rd. TW4: Houn 2E 11
Francis Av. TW13: Felt 1A 18
Francis Cl. TW17: Shep 3C 24
Franklands Dr. KT15: Add 6D 28
Franklyn Rd. KT12: Walt T 5A 26
Frank Towell Ct. TW14: Felt 4A 10
Freehold Ind. Cen. TW4: Houn 2C 10
Freeman Cl. TW17: Shep 3G 25
Freeman Dr. KT8: W Mole 3F 27
Free Prae Rd. KT16: Chert 1E 29
Frenchaye KT15: Add 5G 29
French St. TW16: Sun 1C 26
Friars Rd. GU25: Vir W 3D 20
Friars Way KT16: Chert 5E 23
Friary, The SL4: Old Win 3C 4
FRIARY ISLAND **3C 4**
Friary Island TW19: Wray 3C 4
Friary Rd. TW19: Wray 4C 4
　(not continuous)
Friends Wlk. TW18: Staines 3D 14
Frith Knowle KT12: Hers 6B 32
Frithwalde Rd. KT16: Chert 6D 22
Frobisher Cres. TW19: Stanw 4A 8
Frobisher Gdns. TW19: Stanw 4A 8
Fruen Rd. TW14: Felt 4H 9
Fulmer Cl. TW12: Hamp 3E 19
Fulstone Cl. TW4: Houn 1F 11
Fulwell Pk. Av. TW2: Twick 6H 11
Furnival Cl. GU25: Vir W 5D 20
Furrows, The KT12: Walt T 2C 32
Furzedown Cl. TW20: Egh 4E 13
Furze Rd. KT15: Add 6D 28
Furzewood TW16: Sun 6A 18

G

Gables, The KT13: Weyb 5E 31
Gables Av. TW15: Ashf 3B 16
Gabriel Cl. TW13: Hanw 2E 19
Gainsborough Ct. KT12: Walt T 4A 32
Gala Bingo
　Feltham **6B 10**
　Hounslow **1G 11**
Gale Cl. TW12: Hamp 4E 19
Galsworthy Rd. KT16: Chert 6E 23
Gander Grn. Cres. TW12: Hamp 6G 19
Garden Cl. KT15: Add 4H 29
　TW12: Hamp 3F 19
　TW15: Ashf 4E 17
Garden Ct. TW12: Hamp 3F 19
Gardener Gro. TW13: Hanw 6F 11
Garden Rd. KT12: Walt T 5B 26
Gardens, The KT10: Esh 4G 33
　TW14: Felt 2F 9
Gardner Ho. TW13: Hanw 6F 11
Gardner Pl. TW14: Felt 3B 10
Garfield Rd. KT15: Add 5G 29
Garner Ct. *TW19: Stanw* *3H 7*
　(off Jeppesen Ct.)
Garrick Cl. KT12: Hers 4B 32
　TW18: Staines 5E 15
Garrick Gdns. KT8: W Mole 2G 27
Garrison Cl. TW4: Houn 2F 11
Garside Cl. TW12: Hamp 4H 19
Garson Cl. KT10: Esh 5F 33
Garson La. TW19: Wray 4D 4
Garson Rd. KT10: Esh 6F 33
Garth, The TW12: Hamp H 4H 19
Gascoigne Rd. KT15: Add 3D 30
Gaston Bri. Rd. TW17: Shep 5F 25
Gaston Way TW17: Shep 4F 25
Gateway KT13: Weyb 3D 30
Gatfield Gro. TW13: Hanw 6G 11
Gatfield Ho. TW13: Hanw 6F 11
Gavell Rd. KT11: Cobh 6H 35
Gaveston Cl. KT14: Byfl 6B 34
Genesis Cl. TW19: Stanw 5B 8
Geneva Cl. TW17: Shep 1G 25
George St. TW18: Staines 2D 14
Georgian TW18: Staines 2F 15
Gerard Av. TW4: Houn 4G 11
Gibson Pl. TW19: Stanw 3G 7
Giles Travers Cl. TW20: Thorpe 2A 22

A-Z Staines & Chertsey 43

Gillespie Ho.—Hanworth

Gillespie Ho. GU25: Vir W	3E 21
(off Holloway Rd.)	
Gilmore Cres. TW15: Ashf	3C 16
Gilpin Cres. TW2: Whit	4H 11
Gipsy La. KT13: Weyb	2D 30
Girling Way TW14: Felt	1A 10
Glade, The TW18: Staines	4F 15
Gladioli Cl. TW12: Hamp	4G 19
Gladsmuir Cl. KT12: Walt T	2C 32
Gladstone Av. TW14: Felt	3A 10
GLANTY	2A 14
Glanty, The TW20: Egh	2H 13
Glasbrook Av. TW2: Whit	5F 11
Glebe Cotts. TW13: Hanw	1G 19
(off Twickenham Rd.)	
Glebe Gdns. KT14: Byfl	6A 34
Glebeland Gdns. TW17: Shep	5E 25
Glebelands KT8: W Mole	4H 27
Glebelands Rd. TW14: Felt	5A 10
Glebe Rd. SL4: Old Win	2B 4
TW18: Staines	3F 15
TW20: Egh	3A 14
Glebe Way TW13: Hanw	1G 19
Gleeson M. KT15: Add	4G 29
Glen, The KT15: Add	5D 28
Glenalmond Ho. TW15: Ashf	1A 16
Glen Av. TW15: Ashf	2C 16
Glen Cl. TW17: Shep	3C 24
Glencoe Rd. KT13: Weyb	3C 30
Glen Ct. KT15: Add	5D 28
TW18: Staines	5D 14
Gleneagles Cl. TW19: Stanw	3G 7
Glenfield Rd. TW15: Ashf	4D 16
Glenhaven Dr. TW19: Stan M	2E 7
Glenmill TW12: Hamp	3F 19
Glenmore Cl. KT15: Add	3F 29
Gloucester Cres.	
TW18: Staines	4H 15
Gloucester Dr. TW18: Staines	1A 14
Gloucester Rd. TW4: Houn	1E 11
TW12: Hamp	5H 19
TW13: Felt	5C 10
Gloxinia Wlk. TW12: Hamp	4G 19
Goddard Cl. TW17: Shep	2B 24
Godfrey Way TW4: Houn	4E 11
Godley Rd. KT14: Byfl	6B 34
Godolphin Rd. KT13: Weyb	6F 31
Goffs Rd. TW15: Ashf	4F 17
Gogmore Farm Cl.	
KT16: Chert	6D 22
Gogmore La. KT16: Chert	6E 23
Golf Club Rd. KT13: Weyb	2D 34
Goodman Pl. TW18: Staines	2D 14
Goosepool KT16: Chert	6D 22
Gordon Cl. KT16: Chert	3C 28
TW18: Staines	3F 15
Gordon Dr. KT16: Chert	3C 28
TW17: Shep	6F 25
Gordon Rd. TW3: Houn	1H 11
TW15: Ashf	1A 16
TW17: Shep	5F 25
TW18: Staines	2A 14
Goring Rd. TW18: Staines	3B 14
Goring Sq. TW18: Staines	2C 14
Gorse Hill La. GU25: Vir W	3D 20
Gorse Hill Rd. GU25: Vir W	3D 20
Gostling Rd. TW2: Whit	5G 11
Gould Rd. TW14: Felt	4G 9
Govett Av. TW17: Shep	4E 25
Gower, The TW20: Thorpe	2H 21
Gower Lodge KT13: Weyb	6F 31
(off St George's Rd.)	
Gower Rd. KT13: Weyb	6F 31
Grafton Cl. TW4: Houn	5E 11
Grafton Ct. TW14: Bedf	5F 9
Grafton Way KT8: W Mole	3F 27
Graham Rd. TW12: Hamp H	2G 19
Grange, The GU25: Vir W	3E 21
(off Holloway Dr.)	
KT12: Walt T	2B 32
SL4: Old Win	2B 4
Grange Cl. KT8: W Mole	3H 27
TW19: Wray	3E 5
Grange Ct. KT12: Walt T	2A 32
TW17: Shep	3C 24
TW18: Staines	3E 15
TW20: Egh	3F 13
Grange M. TW13: Felt	2A 18
Grange Pl. KT12: Walt T	2A 32
TW18: Lale	1G 23

Grange Rd. KT8: W Mole	3H 27
KT12: Hers	4E 33
TW20: Egh	3F 13
(not continuous)	
Grangewood Dr. TW16: Sun	5H 17
Grant Cl. TW17: Shep	5D 24
Grantham Ho. TW16: Sun	5G 17
Grantley Pl. KT10: Esh	5H 33
Granville Av. TW3: Houn	2G 11
TW13: Felt	6A 10
Granville Cl. KT13: Weyb	6E 31
KT14: Byfl	6B 34
Granville Rd. KT13: Weyb	1E 35
Grasmere Av. TW3: Houn	3H 11
Grasmere Cl. TW14: Felt	5H 9
TW20: Egh	5H 13
Grasmere Way KT14: Byfl	5B 34
Gray Cl. KT15: Add	5F 29
Grayling KT16: Chert	1G 29
Gray Pl. KT16: Ott	6B 28
Grays La. TW15: Ashf	2D 16
Gt. Chertsey Rd. TW2: Twick	1F 19
TW13: Hanw, Twick	1F 19
Great Cockcrow Railway	**1B 28**
Great Sth. W. Rd. TW14: Bedf, Felt	4E 9
Green, The KT12: Hers	5D 32
KT12: W Vill	3G 35
TW13: Felt	6B 10
TW15: Ashf	3H 15
TW17: Shep	3G 25
TW19: Wray	3E 5
TW20: Eng G	2C 12
Greenacre Ct. TW20: Eng G	4C 12
Greenaway Ter. TW19: Stanw	5A 8
(off Victory Cl.)	
Green Bus. Cen., The	
TW18: Staines	2A 14
Green Cl. TW13: Hanw	3E 19
Green Ct. TW16: Sun	4H 17
Greene Fielde End TW18: Staines	5H 15
Greenlake Ter. TW18: Staines	5E 15
Greenlands KT16: Chert	3A 28
Greenlands Rd. KT13: Weyb	3D 30
TW18: Staines	2E 15
Green La. KT8: W Mole	4H 27
KT12: Hers	6B 32
KT14: Byfl	5B 34
KT15: Add	2C 28
KT16: Chert	2C 28
TW4: Houn	1C 10
TW13: Hanw	3E 19
TW16: Sun	5H 17
TW17: Shep	5E 25
TW18: Staines	6C 14
TW20: Egh	2H 13
(Avenue, The)	
TW20: Egh	3H 13
(Vicarage Dr.)	
TW20: Thorpe	1A 22
Green La. Av. KT12: Hers	5C 32
Green La. Cl. KT14: Byfl	5B 34
KT16: Chert	2C 28
Green Leas TW16: Sun	4H 17
Grn. Leas Cl. TW16: Sun	4H 17
Greenleaves Ct. TW15: Ashf	4D 16
Grn. Man La. TW14: Felt	1A 10
(not continuous)	
Green Mead KT10: Esh	6F 33
Greeno Cres. TW17: Shep	4C 24
Green Pde. TW3: Houn	2H 11
Green Pk. TW18: Staines	1C 14
Green Rd. TW20: Thorpe	3G 21
Green St. TW16: Sun	6A 18
Greenview Ct. TW15: Ashf	2B 16
Green Wlk. TW12: Hamp	4F 19
Green Way TW16: Sun	3A 26
Greenway, The TW4: Houn	1F 11
Greenway Dr. TW18: Staines	6H 15
Greenways TW20: Egh	3E 13
Greenwood La. TW12: Hamp H	3H 19
Gregory Dr. SL4: Old Win	3B 4
Grenside Rd. KT13: Weyb	3D 30
Grenville M. TW12: Hamp H	3H 19
Gresham Ct. TW18: Staines	3E 15
Gresham Rd. TW12: Hamp	4G 19
TW18: Staines	3D 14
Griffin Cen. TW14: Felt	2B 10
Griffin Way TW16: Sun	1A 26
Grogan Cl. TW12: Hamp	4F 19
Groombridge Cl. KT12: Hers	5B 32

Grosvenor Pl. KT13: Weyb	3F 31
Grosvenor Rd. TW4: Houn	1F 11
TW18: Staines	5E 15
Grotto Rd. KT13: Weyb	3D 30
Grove, The KT12: Walt T	6B 26
KT15: Add	5F 29
TW13: Felt	3G 13
Grovebarns TW18: Staines	4E 15
Grove Cl. SL4: Old Win	4B 4
TW3: Houn	2E 19
Grove Ct. TW3: Houn	1G 11
TW20: Egh	3G 13
Grove Cres. KT12: Walt T	6B 26
TW13: Hanw	2E 19
Grove Ho. KT12: Walt T	6B 26
(off Grove, The)	
Grovelands KT8: W Mole	3G 27
Groveley Rd. TW13: Felt	3H 17
TW16: Sun	3H 17
Grove Pl. KT13: Weyb	5E 31
Grove Rd. KT16: Chert	5D 22
TW3: Houn	1G 11
TW17: Shep	5E 25
Grovestile Waye TW14: Bedf	4F 9
Guildford Av. TW13: Felt	6H 9
Guildford Rd. GU21: Wok	6A 28
KT16: Chert	3B 28
KT16: Ott	5A 28
Guildford St. KT16: Chert	1D 28
TW18: Staines	4E 15
Gwendolen Ho. TW19: Stanw	5A 8
(off Yeoman Dr.)	

H

Haddon Cl. KT13: Weyb	3G 31
Hadfield Rd. TW19: Stanw	3H 7
Hadley Pl. KT13: Weyb	1C 34
Hadrian Cl. TW19: Stanw	4A 8
Hadrian Way TW19: Stanw	4H 7
(not continuous)	
Haines Ct. KT13: Weyb	5F 31
Hale St. TW18: Staines	2C 14
Halfway Grn. KT12: Walt T	3B 32
Halley's Wlk. KT15: Add	6G 29
Halliards, The KT12: Walt T	5A 26
Halliford Cl. TW17: Shep	3F 25
Halliford Rd. TW16: Sun	4G 25
TW17: Shep	4G 25
Hallows Gro. TW16: Sun	3H 17
Hall Pl. Dr. KT13: Weyb	5G 31
Ham Cft. Cl. TW13: Felt	1A 18
Hamhaugh Island TW17: Shep	2C 30
Hamilton Av. KT11: Cobh	6H 35
Hamilton Cl. KT16: Chert	1D 28
TW13: Felt	3H 17
Hamilton Cres. TW3: Houn	2H 11
Hamilton M. KT13: Weyb	4C 30
(off Holstein Av.)	
Hamilton Pde. TW13: Felt	2H 17
Hamilton Pl. TW16: Sun	5B 18
Hamilton Rd. TW13: Felt	2H 17
HAM ISLAND	**1D 4**
Ham La. SL4: Old Win	2C 4
(not continuous)	
TW20: Eng G	2B 12
Hamm Ct. KT13: Weyb	2A 30
Hamm Moor La. KT15: Add	5A 30
Hammond Cl. TW12: Hamp	6G 19
HAM MOOR	**4A 30**
Hampshire Ct. KT15: Add	5G 29
HAMPTON	**6H 19**
Hampton & Richmond Borough FC	**6H 19**
Hampton Ct. Rd. TW12: Hamp	1H 19
Hampton Farm Ind. Est. TW13: Hanw	1E 19
HAMPTON HILL	**3H 19**
Hampton La. TW13: Hanw	2E 19
Hampton Rd. E. TW13: Hanw	2F 19
Hampton Rd. W. TW13: Hanw	1E 19
Hampton Sport, Arts & Fitness Cen.	**3G 19**
Hampton Station (Rail)	**6G 19**
Hampton Youth Project	**4F 19**
Hanger Hill KT13: Weyb	6D 30
Hannibal Rd. TW19: Stanw	4H 7
Hanover Av. TW13: Felt	5A 10
Hanover Ct. TW20: Eng G	4B 12
Hanover Wlk. KT13: Weyb	3F 31
HANWORTH	**3E 19**

Hanworth La.—Hospital Rd.

Hanworth La. KT16: Chert	1D 28
Hanworth Rd. TW3: Houn	5E 11
TW4: Houn	5E 11
TW12: Hamp	2F 19
TW13: Felt	5B 10
TW16: Sun	5A 18
(not continuous)	
Hanworth Ter. TW3: Houn	1H 11
Hanworth Trad. Est.	
KT16: Chert	1D 28
TW13: Hanw	1E 19
Harcourt TW19: Wray	3E 5
Harcourt Cl. TW20: Egh	4A 14
Hardell Cl. TW20: Egh	3G 13
Hardwick La. KT16: Lyne	6A 22
Hare Hill KT15: Add	6C 28
Harfield Rd. TW16: Sun	1D 26
Harlington Rd. E. TW13: Felt	4B 10
TW14: Felt	4B 10
Harlington Rd. W. TW14: Felt	3B 10
Harpesford Av. GU25: Vir W	4B 20
Harrison Way TW17: Shep	4D 24
Harris Way TW16: Sun	6G 17
Harrow Bottom Rd.	
GU25: Vir W	5F 21
Harrow Cl. KT15: Add	2F 29
Harrow Rd. TW14: Bedf	6C 8
Harrow Way TW17: Shep	1E 25
Hartland Rd. KT15: Add	6E 29
TW12: Hamp H	2H 19
Hartley Copse SL4: Old Win	3A 4
Hart Rd. TW14: Byfl	6A 34
Harvest Ct. KT10: Esh	2G 33
TW17: Shep	3C 24
Harvest Rd. TW13: Felt	2A 18
TW20: Eng G	3D 12
Harvey Dr. TW12: Hamp	6H 19
Harvey Rd. KT12: Walt T	6H 25
TW4: Houn	4F 11
Harwood Gdns. SL4: Old Win	4B 4
Haslemere Cl. TW12: Hamp	3F 19
Haslett Rd. TW17: Shep	1G 25
Hatch Cl. KT15: Add	3F 29
Hatchett Rd. TW14: Bedf	5E 9
Hatch Farm M. KT15: Add	3G 29
Hatherop Rd. TW12: Hamp	5F 19
HATTON	**1H 9**
HATTON CROSS	**1H 9**
Hatton Cross Cen. TW14: Felt	1H 9
Hatton Cross Station (Tube)	**1H 9**
Hatton Grn. TW14: Felt	1A 10
Hatton Rd. TW14: Bedf, Felt	4E 9
Hatton Rd. Sth. TW14: Felt	1H 9
Haven, The TW16: Sun	5A 18
Haven Rd. TW15: Ashf	2D 16
Havers Av. KT12: Hers	5D 32
Hawkes Rd. TW14: Felt	4A 10
Hawkewood Rd. TW16: Sun	2A 26
Hawkshill Cl. KT10: Esh	6G 33
Hawkshill Rd. KT10: Esh	6G 33
Hawkshill Way KT10: Esh	6F 33
Hawksway TW18: Staines	1D 14
Hawley Cl. TW12: Hamp	4F 19
Hawley Way TW15: Ashf	3C 16
Haws La. TW19: Stan M	3E 7
Hawthorn Cl. TW12: Hamp	3G 19
Hawthorn Cl. KT12: Walt T	1D 32
TW19: Stanw	4H 7
(off Hawthorne Way)	
Hawthorne Rd. TW18: Staines	3A 14
Hawthorne Way TW19: Stanw	4H 7
Hawthorn Rd. TW13: Felt	5A 10
Hawthorn Way TW17: Shep	3F 25
Hayling Av. TW13: Felt	1A 18
Haymeads Dr. KT10: Esh	6H 33
Hazelbank Ct. KT16: Chert	1G 29
Hazelbank Rd. KT16: Chert	1G 29
Hazel Cl. TW20: Eng G	4B 12
Hazeldene KT15: Add	5G 29
Hazel Gro. TW13: Felt	5A 10
TW18: Staines	4F 15
Hazelmere Cl. TW14: Felt	3G 9
Hazlitt Cl. TW13: Hanw	2E 19
HEATH, THE	**6D 30**
Heathbridge KT13: Weyb	1C 34
Heathbridge App. KT13: Weyb	6C 30
Heath Bus. Cen. TW3: Houn	1H 11
Heath Cl. GU25: Vir W	3D 20
TW19: Stanw	3G 7
Heath Ct. TW4: Houn	1F 11

Heathcroft Av. TW16: Sun	5H 17
Heather Cl. TW12: Hamp	6F 19
Heatherlands TW16: Sun	4A 18
Heather Pl. KT10: Esh	4H 33
Heathers, The TW19: Stanw	4B 8
Heatherside Dr. GU25: Vir W	5A 20
Heather Wlk. KT12: W Vill	3G 35
TW2: Whit	4G 11
(off Stephenson Rd.)	
Heathfield Rd. KT12: Hers	4E 33
Heathfields Ct. TW4: Houn	2E 11
Heath Gro. TW16: Sun	5H 17
Heathlands Cl. TW16: Sun	1A 26
Heathlands Way TW4: Houn	2E 11
Heath Ri. GU25: Vir W	3D 20
Heath Rd. KT13: Weyb	4C 30
TW3: Houn, Isle	1H 11
Heathrow Gateway TW4: Houn	4E 11
Heathrow Terminal 4 Station (Rail)	**3E 9**
Heathrow Terminal 4 Station (Tube)	**2E 9**
Heathside KT13: Weyb	5D 30
TW4: Houn	4F 11
Hedley Rd. TW2: Whit	4G 11
Heights, The KT13: Weyb	3C 34
Helen Av. TW14: Felt	4B 10
Helen Cl. KT8: W Mole	3H 27
Helgiford Gdns. TW16: Sun	5G 17
Helvellyn Cl. TW20: Egh	5H 13
Hemming Cl. TW12: Hamp	6G 19
Hendon Way TW19: Stanw	3H 7
Hengrove Cres. TW15: Ashf	1H 15
Henley Way TW13: Hanw	3D 18
Henry Lodge KT12: Hers	6C 32
Hensworth Rd. TW15: Ashf	3H 15
Hepworth Way KT12: Walt T	1H 31
Hereford Cl. TW18: Staines	6F 15
Hereford Rd. TW13: Felt	5C 10
Heriot Cl. KT16: Chert	6D 22
Heriot Rd. KT16: Chert	6E 23
Heritage Ct. TW20: Egh	3G 13
(off Station Rd.)	
Hermitage, The TW13: Felt	1H 17
Hermitage Cl. TW17: Shep	3C 24
Hermitage Ct. TW18: Staines	3D 14
Herndon Cl. TW20: Egh	2G 13
Herons Cl. TW18: Staines	6F 15
Heron Ct. TW19: Stanw	5A 8
Heron Dale KT15: Add	5H 29
Heronfield TW20: Eng G	4C 12
Heronry, The KT12: Hers	6A 32
Herons Cft. KT13: Weyb	6E 31
Heron Way TW14: Felt	1A 10
Herrings La. KT16: Chert	5E 23
HERSHAM	**5C 32**
Hersham By-Pass KT12: Hers	5B 32
Hersham Gdns. KT12: Hers	4B 32
HERSHAM GREEN	**5D 32**
Hersham Grn. Shop. Cen.	
KT12: Hers	5D 32
Hersham Pl. KT12: Hers	5D 32
Hersham Rd. KT12: Hers, Walt T	1A 32
Hersham Station (Rail)	**3E 33**
Hersham Trad. Est. KT12: Walt T	2E 33
Hetherington Rd. TW17: Shep	1E 25
Hibernia Gdns. TW3: Houn	1G 11
Hibernia Rd. TW3: Houn	1G 11
Higgins Wlk. TW12: Hamp	4E 19
(off Abbott Cl.)	
Highfield Cl. TW20: Eng G	4C 12
Highfield Rd. KT12: Walt T	1A 32
KT16: Chert	1E 29
TW13: Felt	5A 10
(Hazel Gro.)	
TW13: Felt	5A 10
(Tiley Rd.)	
TW16: Sun	4H 25
TW20: Eng G	4C 12
Highland Pk. TW13: Felt	2H 17
High Mdw. Pl. KT16: Chert	5D 22
High Pine Cl. KT13: Weyb	5E 31
Highpoint KT13: Weyb	5C 30
High Rd. KT14: Byfl	5A 34
High St. KT8: W Mole	3G 27
KT10: Esh	1C 32
KT12: Walt T	1A 32
KT13: Weyb	4C 30
KT15: Add	4F 29
TW2: Whit	4H 11
TW3: Houn	1H 11
(not continuous)	

High St. TW12: Hamp, Hamp H	6H 19
TW13: Felt	1H 17
TW17: Shep	5D 24
TW18: Staines	2C 14
TW19: Stanw	3H 7
TW19: Wray	3F 5
TW20: Egh	3F 13
High Tree Cl. KT15: Add	5E 29
Hillary Ct. TW19: Stanw	5A 8
(off Explorer Av.)	
Hillary Cres. KT12: Walt T	1C 32
Hillbrook Gdns. KT13: Weyb	1C 34
Hillbrow Rd. KT10: Esh	4H 33
Hillcrest KT13: Weyb	4D 30
Hillcrest Av. KT16: Chert	3C 28
Hillcrest Ct. KT13: Weyb	4D 30
Hillfield Ct. KT10: Esh	5H 33
Hill Fld. Rd. TW12: Hamp	5F 19
Hill Gro. TW13: Hanw	6F 11
Hill Ho. Dr. KT13: Weyb	4C 34
TW12: Hamp	6G 19
Hillingdon Av. TW19: Stanw	5A 8
Hill Ri. KT12: Walt T	6H 25
Hillside GU25: Vir W	5C 20
KT10: Esh	5H 33
Hillside Gdns. KT15: Add	5D 28
Hillswood Dr. KT16: Chert	4A 28
Hillview Rd. TW19: Wray	3D 4
Hinton Av. TW4: Houn	1D 10
Hitchcock Cl. TW17: Shep	2B 24
Hithermoor Rd. TW19: Stan M	3D 6
HMP Bronzefield TW15: Ashf	2G 15
Hogarth Av. TW15: Ashf	4E 17
Holbrook Cl. TW20: Egh	3A 14
Holbrook Mdw. TW20: Egh	4A 14
Holland Gdns. TW20: Thorpe	1D 22
Hollands, The TW13: Hanw	2D 18
Holles Cl. TW12: Hamp	4G 19
Hollies, The KT15: Add	5G 29
(off Crockford Pk. Rd.)	
Hollies Ct. KT15: Add	5G 29
Hollingworth Cl. KT8: W Mole	3F 27
Holloway Dr. GU25: Vir W	3E 21
Holloway Hill KT16: Chert	3A 28
Hollow La. GU25: Vir W	2C 20
Holly Av. KT12: Walt T	1D 32
Hollybank Cl. TW12: Hamp	3G 19
Holly Bush La. TW12: Hamp	5F 19
Holly Cl. TW13: Hanw	3E 19
TW20: Eng G	4B 12
Hollycombe TW20: Eng G	2C 12
Holly Ct. KT16: Chert	1D 28
(off King St.)	
Holly Grn. KT13: Weyb	4F 31
Hollygrove Cl. TW3: Houn	1F 11
Holly Rd. TW3: Houn	1H 11
TW12: Hamp H	4H 19
Holmbank Dr. TW17: Shep	3G 25
Holme Chase KT13: Weyb	6E 31
Holmesdale KT13: Weyb	6F 31
(off Bridgewater Rd.)	
Holmwood Cl. KT15: Add	5E 29
Holstein Av. KT13: Weyb	4C 30
Holwood Cl. KT12: Walt T	2C 32
Holywell Cl. TW19: Stanw	5A 8
Holywell Way TW19: Stanw	5A 8
Home Cl. GU25: Vir W	5D 20
Home Farm Cl. KT10: Esh	6H 33
TW17: Shep	3G 25
Home Farm Gdns. KT12: Walt T	2C 32
Homefield Av. KT12: Hers	4D 32
Homefield Rd. KT12: Walt T	6E 27
Homestead Rd. TW18: Staines	4F 15
Homewaters Av. TW16: Sun	6H 17
Homewood Cl. TW12: Hamp	4F 19
HOMEWOOD RESOURCE CENTRE	**3A 28**
Honnor Rd. TW18: Staines	5H 15
Hopfield Av. KT14: Byfl	5A 34
Horizon Bus. Village KT13: Weyb	5C 34
Hornbeam Wlk. KT12: W Vill	3G 35
Horne Rd. TW17: Shep	3C 24
Horsell Ct. KT16: Chert	6F 23
Horsham Rd. TW14: Bedf	3E 9
Horton Rd. SL3: Poyle	1C 6
TW19: Stan M	1D 6
(not continuous)	
Horvath Cl. KT13: Weyb	4F 31
Hospital Bri. Rd. TW2: Twick, Whit	4H 11
HOSPITAL BRIDGE RDBT.	**6H 11**
Hospital Rd. TW3: Houn	1G 11

Hotham Cl.—Lammas La.

Hotham Cl. KT8: W Mole 2G **27**
Houghton Cl. TW12: Hamp 4E **19**
Hounslow Av. TW3: Houn 2H **11**
Hounslow Bus. Pk. TW3: Houn 1G **11**
Hounslow Gdns. TW3: Houn 2H **11**
Hounslow Heath Nature Reserve 3D **10**
Hounslow Rd. TW2: Whit 3H **11**
TW13: Hanw 2D **18**
TW14: Felt 5B **10**
Hounslow Station (Rail) 2H **11**
Hounslow Urban Farm 2A **10**
Howard Cl. TW12: Hamp 5H **19**
TW16: Sun 4H **17**
Howards La. KT15: Add 6D **28**
Howitts Cl. KT10: Esh 6G **33**
Hughes Rd. TW15: Ashf 4E **17**
Hummer Rd. TW20: Egh 2G **13**
Hungerford Sq. KT13: Weyb 4F **31**
Hunting Cl. KT10: Esh 4G **33**
Huntingfield Way TW20: Egh 5B **14**
Huntley Ho. KT12: W Vill 2H **35**
Huntsmans Cl. TW13: Felt 2B **18**
Hurley Cl. KT12: Walt T 2B **32**
Hurstdene Av. TW18: Staines 4F **15**
Hurstfield Rd. KT8: W Mole 2G **27**
Hurst Gro. KT12: Walt T 1H **31**
Hurst La. KT8: E Mos 3H **27**
TW20: Egh 1G **21**
Hurst Lodge *KT13: Weyb* *6F* ***31***
(off Gower Rd.)
HURST PARK 1H **27**
Hurst Pool 2H **27**
Hurst Rd. KT8: W Mole 4C **26**
KT12: Walt T 4C **26**
Hurtwood Rd. KT12: Walt T 6F **27**
Hyacinth Cl. TW12: Hamp 4G **19**
Hyde Cl. TW15: Ashf 4G **17**
Hyde Ter. TW15: Ashf 4G **17**
Hydro Ho. KT16: Chert 1G **29**
Hythe, The TW18: Staines 3C **14**
HYTHE END 6H **5**
Hythe End Rd. TW19: Wray 6F **5**
Hythe Fld. Av. TW20: Egh 4B **14**
Hythe Pk. Rd. TW20: Egh 3A **14**
Hythe Rd. TW18: Staines 3B **14**

I

Iffley Ct. TW18: Staines 3D **14**
Ikona Ct. KT13: Weyb 5E **31**
Ilex Cl. TW16: Sun 1C **26**
TW20: Eng G 5B **12**
Imperial Rd. TW14: Felt 4G **9**
Ince Rd. KT12: Hers 6G **31**
Inglewood KT16: Chert 3D **28**
Ingrams Cl. KT12: Hers 5C **32**
Interface Ho. *TW3: Houn* *1G* ***11***
(off Staines Rd.)
International Way TW16: Sun 6G **17**
Inverness Rd. TW3: Houn 1F **11**
Invicta Cl. TW14: Felt 5H **9**
Inwood Av. TW3: Houn 1H **11**
Inwood Bus. Pk. TW3: Houn 1H **11**
Inwood Ct. KT12: Walt T 2C **32**
Inwood Rd. TW3: Houn 1H **11**
Ireton Av. KT12: Walt T 2G **31**
Irvine Pl. GU25: Vir W 4E **21**
Isabel Hill Cl. TW12: Hamp 1H **27**
Isis Ho. KT16: Chert 6G **23**
Island, The KT13: Add 6A **30**
TW19: Wray 1G **13**
Island Cl. TW18: Staines 2C **14**
Island Farm Av. KT8: W Mole 4F **27**
Island Farm Rd. KT8: W Mole 4F **27**
Islay Gdns. TW4: Houn 2D **10**
Iverna Gdns. TW14: Felt 2F **9**
Ivory Ct. TW13: Felt 6A **10**
Ivy Cl. TW16: Sun 1C **26**
Ivydene KT8: W Mole 4F **27**
Ivy La. TW4: Houn 1F **11**
Ivy Rd. TW3: Houn 1H **11**

J

Jacaranda Ho. KT15: Add 2H **29**
Jamieson Ho. TW4: Houn 3F **11**
Jamnagar Cl. TW18: Staines 4D **14**
Japonica Ho. KT15: Add 2H **29**
Jasmin Ho. KT15: Add 2H **29**
Jason Cl. KT13: Weyb 5E **31**
Jay Av. KT15: Add 3A **30**
Jeffs Cl. TW12: Hamp 4H **19**
Jeppesen Ct. TW19: Stanw 3H **7**
Jersey Cl. KT16: Chert 3D **28**
Jessamy Rd. KT13: Weyb 2C **30**
Jessiman Ter. TW17: Shep 4C **24**
Jetty Ho. KT16: Chert 6G **23**
Jillian Cl. TW12: Hamp 5G **19**
John Bunn Mill *KT15: Add* *5A* ***30***
(off Bourneside Rd.)
John Cobb Rd. KT13: Weyb 1C **34**
John F Kennedy Memorial 6C **4**
John Goddard Way TW13: Felt 6B **10**
John Kaye Ct. TW17: Shep 4C **24**
John's Cl. TW15: Ashf 2E **17**
Johnsons Dr. TW12: Hamp 6H **19**
Joinville Pl. KT15: Add 4H **29**
Jonquil Gdns. TW12: Hamp 4G **19**
Jordans Cl. TW19: Stanw 4G **7**
Joseph Locke Way KT10: Esh 2G **33**
Jubilee Av. TW2: Whit 5H **11**
Jubilee Cl. TW19: Stanw 4G **7**
Jubilee Ct. *TW3: Houn* *1H* ***11***
(off Bristow Rd.)
TW18: Staines 3E **15**
Jubilee Cres. KT15: Add 5H **29**
Jubilee Way TW14: Felt 5A **10**
Julian Hill KT13: Weyb 1C **34**
Junction Rd. TW15: Ashf 3E **17**
Juniper Ct. KT8: W Mole 3H **27**
TW3: Houn *1H* ***11***
(off Grove Rd.)
Juniper Gdns. TW16: Sun 4H **17**
Jutland Pl. TW20: Egh 3A **14**

K

Katherine Cl. KT15: Add 6E **29**
Kay Av. KT15: Add 3A **30**
Kaye Don Way KT13: Weyb 3C **34**
Keel KT16: Chert 1G **29**
Keepers Wlk. GU25: Vir W 4D **20**
Kelly Cl. TW17: Shep 1G **25**
Kelvedon Av. KT12: Hers 1G **35**
Kelvinbrook KT8: W Mole 2H **27**
Kemble Cl. KT13: Weyb 4F **31**
Kemble Cotts. KT15: Add 4E **29**
Kempton Av. TW16: Sun 6B **18**
Kempton Ct. TW16: Sun 6B **18**
Kempton Pk. Racecourse 5C **18**
Kempton Park Station (Rail) 5B **18**
Kempton Rd. TW12: Hamp 1F **27**
(not continuous)
Kendal Cl. TW14: Felt 5H **9**
Kenilworth Dr. KT12: Walt T 3D **32**
Kenilworth Gdns.
TW18: Staines 3G **15**
Kenilworth Rd. TW15: Ashf 1H **15**
Kennedy Ct. TW15: Ashf 3E **17**
Kent Cl. TW18: Staines 4H **15**
Kenton Av. TW16: Sun 1D **26**
Kent's Pas. TW12: Hamp 6F **19**
Kenwood Dr. KT12: Hers 6B **32**
Kenwood Pk. KT13: Weyb 6F **31**
Kenyngton Ct. TW16: Sun 3A **18**
Kenyngton Dr. TW16: Sun 3A **18**
Keppel Spur SL4: Old Win 4B **4**
Kestrel Av. TW18: Staines 1D **14**
Keswick Av. TW17: Shep 2G **25**
Keswick Rd. TW2: Whit 3H **11**
TW20: Egh 5H **13**
Keywood Dr. TW16: Sun 4A **18**
Killigrew Ho. TW16: Sun 5G **17**
Kilmiston Av. TW17: Shep 5E **25**
Kilmiston Ho. TW17: Shep 5E **25**
Kilross Rd. TW14: Bedf 5F **9**
Kilrue La. KT12: Hers 4H **31**
Kilsha Rd. KT12: Walt T 5C **26**
Kimberley Wlk. KT12: Walt T 6B **26**
Kinburn Dr. TW20: Egh 3E **13**
King Acre Ct. TW18: Staines 1C **14**
Kingfisher Cl. KT12: Hers 5E **33**
Kingfisher Ct. TW3: Houn 2H **11**
Kingfisher Dr. TW18: Staines 2D **14**
King George Av. KT12: Walt T 1D **32**
King George Cl. TW16: Sun 3G **17**
King John La. TW19: Wray 2D **4**
King John's Cl. TW19: Wray 2D **4**
Kings Arms Way KT16: Chert 1D **28**
Kings Av. KT14: Byfl 5A **34**
TW16: Sun 3H **17**
Kingsbridge Rd. KT12: Walt T 6B **26**
Kingsbury Cres. TW18: Staines 2B **14**
Kingsbury Dr. SL4: Old Win 4A **4**
Kings Chase KT8: E Mos 2H **27**
Kings Cl. KT12: Walt T 1B **32**
TW18: Staines 5H **15**
Kings Ct. KT12: Walt T 3B **32**
KT14: Byfl 4A **34**
Kings Dr. KT12: W Vill 2H **35**
Kings Head La. KT14: Byfl 4A **34**
Kings La. TW20: Eng G 3A **12**
Kingsley Av. TW20: Eng G 4B **12**
Kingsley Ct. *KT12: Walt T* *3A* ***32***
(off Ashley Pk. Rd.)
Kingsmead KT13: Weyb 6F **31**
Kingsmead Av. TW16: Sun 1C **26**
Kings Rd. KT12: Walt T 2B **32**
TW13: Felt 5C **10**
TW20: Egh 2G **13**
Kingston Av. TW14: Felt 3G **9**
Kingston Cres. TW15: Ashf 3G **15**
Kingston Rd. TW15: Ashf 4A **16**
TW18: Staines 2D **14**
King St. KT16: Chert 1E **29**
Kingsway TW19: Stanw 5H **7**
Kingsway Bus. Pk.
TW12: Hamp 6F **19**
Kingsway Ter. KT13: Weyb 2C **34**
Kingswood Av. TW12: Hamp 4H **19**
Kingswood Cl. KT13: Weyb 1D **34**
TW20: Eng G 2D **12**
Kingswood Creek TW19: Wray 2D **4**
Kingswood Ri. TW20: Eng G 3D **12**
Kinross Cl. TW16: Sun 3H **17**
Kinross Dr. TW16: Sun 3H **17**
Kirby Way KT12: Walt T 5C **26**
Knapp Rd. TW15: Ashf 2B **16**
Kneller Rd. TW2: Whit 3H **11**
Knevett Ter. TW3: Houn 1G **11**
Knightsbridge Cres.
TW18: Staines 4F **15**
Knights Cl. KT8: W Mole 4F **27**
TW20: Egh 4B **14**
Knoll, The KT16: Chert 1D **28**
Knoll Pk. Rd. KT16: Chert 1D **28**
KNOWLE GREEN 3F **15**
Knowle Grn. TW18: Staines 3E **15**
Knowle Gro. GU25: Vir W 6C **20**
Knowle Gro. Cl. GU25: Vir W 6C **20**
KNOWLE HILL 6C **20**
Knowle Hill GU25: Vir W 6B **20**
Knowle Pk. Av. TW18: Staines 4F **15**
Korda Cl. TW17: Shep 2B **24**
Kotan Dr. TW18: Staines 2A **14**

L

Laburnum Cres. TW16: Sun 6B **18**
Laburnum Gro. TW3: Houn 1F **11**
Laburnum Pl. TW20: Eng G 4B **12**
Laburnum Rd. KT16: Chert 1E **29**
Laburnum Way TW19: Stanw 5B **8**
Lacey Cl. TW20: Egh 5B **14**
Lacey Dr. TW12: Hamp 6F **19**
Ladythorpe Cl. KT15: Add 4F **29**
Lafone Av. TW13: Felt 6C **10**
Lake Cl. KT14: Byfl 5A **34**
Lake Rd. GU25: Vir W 4B **20**
Lakeside KT13: Weyb 2G **31**
Lakeside Dr. KT10: Esh 6H **33**
Lakeside Grange KT13: Weyb 3E **31**
Lakeside Pk. KT16: Chert 1G **29**
LALEHAM 2G **23**
Laleham Abbey TW18: Lale 3G **23**
Laleham Cl. TW18: Staines 6F **15**
LALEHAM REACH 2E **23**
Laleham Reach KT16: Chert 2E **23**
Laleham Rd. TW17: Shep 3B **24**
TW18: Staines 3D **14**
Lambly Hill GU25: Vir W 2E **21**
Lammas Cl. TW18: Staines 1C **14**
Lammas Ct. TW19: Staines 6B **6**
Lammas Dr. TW18: Staines 2B **14**
Lammas Hill KT10: Esh 4H **33**
Lammas La. KT10: Esh, Hers 4F **33**

46 A-Z Staines & Chertsey

Lancaster Cl.—Manygate La.

Lancaster Cl. TW15: Ashf	2A 16
TW19: Stanw	3A 8
TW20: Eng G	3D 12
Lancaster Ct. KT12: Walt T	6A 26
TW19: Stanw	5A 8
Lancing Rd. TW13: Felt	6H 9
Landon Way TW15: Ashf	4D 16
Lane, The GU25: Vir W	2E 21
KT16: Chert	2E 23
Lane Cl. KT15: Add	5F 29
Langham Pl. TW20: Egh	3F 13
Lang Ho. TW19: Stanw	5A 8
Langley Rd. TW18: Staines	4D 14
Langport Ct. KT12: Walt T	1C 32
Langridge M. TW12: Hamp	4F 19
Langton Cl. TW15: Add	3F 29
Langton Rd. KT8: W Mole	3H 27
Langton Way TW20: Eng G	4A 14
Lanigan Dr. TW3: Houn	2H 11
Lansbury Av. TW14: Felt	3B 10
Lansdown Cl. KT12: Walt T	1C 32
Lansdowne Rd. TW18: Staines	5F 15
Larchwood Dr. TW20: Eng G	4B 12
Lark Av. TW18: Staines	1D 14
Larkhall Cl. KT12: Hers	6C 32
Larkham Cl. TW13: Felt	1G 17
Larksfield TW20: Eng G	5B 12
Lasswade Ct. KT16: Chert	6C 22
Lasswade Rd. KT16: Chert	6C 22
Lastingham Ct. TW18: Staines	4E 15
Latitude KT16: Chert	1G 29
(off Bridge Wharf)	
Latton Cl. KT10: Esh	4H 33
KT12: Walt T	6E 27
Latymer Cl. KT13: Weyb	4E 31
Lauderdale Ho. TW18: Staines	3D 14
(off Gresham Rd.)	
Laurel Av. TW20: Eng G	3B 12
Laurel Gdns. TW4: Houn	1E 11
Laurels, The KT13: Weyb	3F 31
Lauser Rd. TW19: Stanw	4G 7
Lavender Ct. KT8: W Mole	2H 27
TW14: Felt	3B 10
Lawrence Est. TW4: Houn	1C 10
Lawrence Rd. TW4: Houn	1C 10
TW12: Hamp	5F 19
Layton Ct. KT13: Weyb	4D 30
Layton Rd. TW3: Houn	1H 11
Layton's La. TW16: Sun	1H 25
Lazare Ct. TW18: Staines	3D 14
(off Gresham Rd.)	
Lea, The TW20: Egh	5A 14
Lea Cl. TW2: Whit	4F 11
Leacroft TW18: Staines	3E 15
Leacroft Cl. TW18: Staines	2F 15
Leavesden Rd. KT13: Weyb	5D 30
Lebanon Av. TW13: Hanw	3D 18
Ledger Dr. KT15: Add	5D 28
Leigh Cl. KT15: Add	6D 28
Leigh Pl. TW13: Felt	5C 10
Leisure W. TW13: Felt	6B 10
Lemon Gro. TW13: Felt	5A 10
(off Highfield Rd.)	
Letchworth Av. TW14: Felt	4H 9
Lewis Cl. KT15: Add	4G 29
Leybourne Av. KT14: Byfl	6B 34
Leybourne Cl. KT14: Byfl	6B 34
Leylands TW19: Stan M	1D 6
(not continuous)	
Leys, The KT12: Hers	4F 33
Liberty Hall Rd. KT15: Add	5E 29
Liberty La. KT15: Add	5E 29
Liberty Ri. KT15: Add	6E 29
Library Way TW2: Whit	4H 11
Lichfield Rd. TW4: Houn	1C 10
Lime Cres. TW16: Sun	1C 26
Lime Gro. KT15: Add	4E 29
Lime Lodge TW16: Sun	5H 17
(off Forest Dr.)	
Limes, The KT8: W Mole	3H 27
Limes Cl. TW15: Ashf	3C 16
Limes M. TW20: Egh	3F 13
Limes Rd. KT13: Weyb	4C 30
TW20: Egh	3F 13
Lime Tree Wlk. GU25: Vir W	3E 21
Lincoln Av. TW2: Twick	6H 11
Lincoln Cl. KT13: Weyb	6F 31
(off Old Av.)	
Lincoln Rd. TW13: Hanw	1F 19
Lincoln Way TW16: Sun	6G 17
Lincombe Ct. KT15: Add	5F 29
Linden Av. TW3: Houn	2H 11
Linden Ct. TW20: Eng G	4B 12
Linden Gro. KT12: Walt T	2H 31
Linden Ho. TW12: Hamp	4G 19
Linden Pl. TW18: Staines	2E 15
Linden Rd. TW13: Weyb	2E 35
TW12: Hamp	5G 19
Linden Way TW17: Shep	4E 25
Lindley Rd. KT12: Walt T	3D 32
Lindsay Cl. TW19: Stanw	2H 7
Lindsay Dr. TW17: Shep	5F 25
Lindsay Rd. TW12: Hamp H	2H 19
Lindsey Gdns. TW14: Bedf	4F 9
Linfield Cl. KT12: Hers	5B 32
Linkfield KT8: W Mole	2H 27
Link Rd. KT15: Add	4A 30
TW14: Felt	4H 9
Links, The KT12: Walt T	2A 32
Linkscroft Av. TW15: Ashf	4D 16
Links Rd. TW15: Ashf	3A 16
Link Way TW18: Staines	4F 15
Linslade Cl. TW4: Houn	2E 11
Lintott Ct. TW19: Stanw	3H 7
Lion Cl. TW17: Shep	2A 24
Lisbon Av. TW2: Twick	6H 11
Lithgow's Rd. TW6: H'row A	1G 9
Littlecroft Rd. TW20: Egh	3F 13
Little Grn. La. KT16: Chert	3C 28
Little Grn. La. Farm Est.	
KT16: Chert	4B 28
Little Halliards KT12: Walt T	5A 26
Little Pk. Dr. TW13: Felt	6E 11
LITTLETON	2C 24
Littleton Cl. TW17: Shep	3B 24
LITTLETON COMMON	5E 17
Littleton La. TW17: Shep	6H 23
Littleton Rd. TW15: Ashf	5E 17
Livingstone Ct. TW19: Stanw	5A 8
(off Explorer Av.)	
Livingstone Rd. TW3: Houn	1H 11
Locke King Cl. KT13: Weyb	1C 34
Locke King Rd. KT13: Weyb	1C 34
Lockestone KT13: Weyb	6B 30
Lockestone Cl. KT13: Weyb	6B 30
Locomotive Dr. TW14: Felt	5A 10
Lodge Cl. TW20: Eng G	3D 12
Lodge Way TW15: Ashf	6A 8
TW17: Shep	1E 25
Logan Cl. TW4: Houn	2E 11
Lois Dr. TW17: Shep	4D 24
LONDON HEATHROW AIRPORT	1C 8
London Rd. GU25: Vir W	2A 20
TW14: Bedf	2F 15
TW15: Ashf	2E 15
TW18: Staines	2E 15
TW20: Eng G	2A 20
London St. KT16: Chert	6E 23
Longbourne Way KT16: Chert	5D 22
Longcross Rd. KT16: Longc	3A 28
Longford Av. TW14: Felt	3G 9
TW19: Stanw	5A 8
Longford Cl. TW12: Hamp H	2G 19
TW13: Hanw	1E 19
Longford Ho. TW12: Hamp H	2G 19
Longford Rd. TW2: Whit	5G 11
Longford Way TW19: Stanw	5A 8
Long La. TW19: Stanw	6B 8
Longleat Way TW14: Bedf	4F 9
Long Lodge Dr. KT12: Walt T	3C 32
Longmore Rd. KT12: Hers	4E 33
Longside Cl. TW20: Egh	6A 14
Longwood Bus. Pk. TW16: Sun	4H 25
Lonsdale Rd. KT13: Weyb	1F 34
Lord Knyvett Cl. TW19: Stanw	3H 7
Lord Knyvetts Ct. TW19: Stanw	3H 7
Lords Cl. TW13: Hanw	6E 11
Lotus Pk. TW18: Staines	2B 14
Loudwater Cl. TW16: Sun	3A 26
Loudwater Rd. TW16: Sun	3A 26
Lovelace Gdns. KT12: Hers	5C 32
Lovett Rd. TW18: Staines	2H 13
LOWER FELTHAM	1H 17
LOWER GREEN	2H 33
Lower Grn. Rd. KT10: Esh	2H 33
LOWER HALLIFORD	5F 25
Lwr. Hampton Rd. TW16: Sun	2C 26
Lwr. Sunbury Rd. TW12: Hamp	1F 27
Lowlands Dr. TW19: Stanw	2H 7
Loxley Rd. TW12: Hamp	2F 19
Loxwood Cl. TW14: Bedf	5F 9
Lucan Dr. TW18: Staines	5H 15
Lucie Av. TW15: Ashf	4D 16
Luddington Av. GU25: Vir W	1F 21
Ludlow Rd. TW13: Felt	2A 18
Lushington Ho. KT12: Walt T	5C 26
Lynde Ho. KT12: Walt T	5C 26
Lyndhurst Av. TW2: Whit	5F 11
TW16: Sun	2A 26
Lyndhurst Way KT16: Chert	3C 28
Lyndwood Dr. SL4: Old Win	3A 4
Lyndwood Pde. SL4: Old Win	3A 4
(off St Luke's Rd.)	
Lyne Cl. GU25: Vir W	5F 21
Lyne Crossing Rd. KT16: Lyne	5G 21
Lynegrove Av. TW15: Ashf	3E 17
Lyne La. GU25: Vir W	5G 21
KT16: Lyne	5G 21
Lyne Rd. GU25: Vir W	5D 20
Lynhurst KT13: Weyb	6D 30
Lynn Cl. TW15: Ashf	3F 17
Lynwood Av. TW20: Egh	4E 13
Lyon Rd. KT12: Walt T	2E 33
Lytcott Dr. KT8: W Mole	2F 27

M

McCarthy Rd. TW13: Hanw	3D 18
Mafeking Rd. TW19: Wray	6H 5
Magdalene Rd. TW17: Shep	3B 24
Magna Carta La. TW19: Wray	5D 4
Magna Carta Monument	6D 4
Magna Rd. TW20: Eng G	4B 12
Magnolia Ct. TW13: Felt	5A 10
(off Plum Cl.)	
Main St. KT15: Add	3A 30
TW13: Hanw	3D 18
Maisie Webster Cl.	
TW19: Stanw	4H 7
Maitland Cl. KT12: Walt T	2E 33
Malet Cl. TW20: Egh	4B 14
Mall, The KT12: Hers	5D 32
(off Hersham Grn. Shop. Cen.)	
Mallard Cl. TW2: Whit	4G 11
Mallards, The TW18: Lale	1F 23
Mallards Reach KT13: Weyb	2F 31
Malt Hill TW20: Egh	3E 13
Malt Ho. Cl. SL4: Old Win	4B 4
Malthouse Dr. TW13: Hanw	3D 18
Maltings, The KT14: Byfl	6B 34
TW18: Staines	2C 14
Malus Cl. KT15: Add	6D 28
Malus Dr. KT15: Add	6D 28
Malvern Cl. KT16: Ott	6A 28
Malvern Dr. TW13: Hanw	3D 18
Malvern Rd. TW12: Hamp	5G 19
Malyons, The TW17: Shep	5F 25
Mandeville Ct. TW20: Egh	2G 13
Mandeville Rd. TW17: Shep	4C 24
Manoel Rd. TW2: Twick	1H 19
Manor Chase KT13: Weyb	5D 30
Manor Ct. KT8: W Mole	3G 27
KT13: Weyb	4D 30
Manor Cres. KT13: Weyb	6B 34
Manorcrofts Rd. TW20: Egh	4G 13
Manor Dr. TW13: Hanw	3D 18
TW16: Sun	1A 26
Mnr. Farm Av. TW17: Shep	5D 24
Mnr. Farm Cotts. SL4: Old Win	2A 4
Mnr. Farm Ct. TW20: Egh	3G 13
MANOR FARM ESTATE	4C 4
Mnr. Farm La. TW20: Egh	3G 13
Manor Gdns. TW12: Hamp	5H 19
TW16: Sun	6A 18
Manor Ho. Ct. TW17: Shep	6D 24
Manor Ho. Dr. KT12: Hers	5H 31
Manor La. TW13: Felt	6A 10
TW16: Sun	1A 26
Manor Leaze TW20: Egh	3H 13
Manor Pk. TW15: Felt	6A 10
TW18: Staines	1B 14
Manor Pl. KT12: Walt T	6A 26
TW14: Felt	5A 10
TW18: Staines	3F 15
Manor Rd. KT12: Walt T	6H 25
TW15: Ashf	3B 16
Manor Wlk. KT13: Weyb	5D 30
Manor Way TW20: Egh	4F 13
Manygate La. TW17: Shep	6E 25

Manygate Mobile Home Est.—Nell Gwynne Av.

Manygate Mobile Home Est. *TW17: Shep 5F 25*
(off Mitre Cl.)
Maple Cl. TW12: Hamp 4F 19
Maple Ct. TW15: Ashf 5F 17
TW20: Eng G 4B 12
Maple Gdns. TW19: Stanw 6A 8
Maple Gro. Bus. Cen. TW4: Houn 1C 10
Maple Ind. Est. TW13: Felt 1A 18
Maples, The KT16: Ott 6A 28
Maple Way TW13: Felt 1A 18
March Rd. KT13: Weyb 5C 30
Margaret Cl. TW18: Staines 4H 15
Marina Cl. KT16: Chert 1G 29
Marion Av. TW17: Shep 4D 24
Market Pde. TW13: Hanw 1E 19
Market Sq. TW18: Staines 3C 14
Markhole Cl. TW12: Hamp 5F 19
Markway TW16: Sun 1C 26
Marlborough Bus. Cen. KT16: Chert 2D 28
Marlborough Cl. KT12: Hers 3D 32
Marlborough Dr. KT13: Weyb 3E 31
Marlborough Rd. TW12: Hamp 4G 19
TW13: Felt 6D 10
TW15: Ashf 3H 15
Marley Cl. KT15: Add 6D 28
Marlin Cl. TW16: Sun 4G 17
Marling Ct. TW12: Hamp 4F 19
Marlingdene Cl. TW12: Hamp 4G 19
Marncrest Cl. KT12: Hers 5B 32
Marnham Pl. KT15: Add 4G 29
Marquis Ct. TW19: Stanw 5A 8
Marriott Cl. TW14: Felt 3F 9
Marriott Lodge Cl. KT15: Add 4G 29
Marrowells KT13: Weyb 3H 31
Marryat Cl. TW4: Houn 1F 11
Marshall Cl. TW4: Houn 2F 11
Marsh La. KT15: Add 4F 29
Marston Ct. KT12: Walt T 1C 32
Martindale Rd. TW4: Houn 1E 11
Martingale Cl. TW16: Sun 3A 26
Mary Drew Almshouses TW20: Eng G 4D 12
Maryland Way TW16: Sun 1A 26
Mary Rose Cl. TW12: Hamp 6G 19
Marzena Ct. TW3: Houn 3H 11
Masefield Rd. TW12: Hamp 2F 19
Masefield Way TW19: Stanw 5B 8
Mason Cl. TW12: Hamp 6F 19
Masonic Hall Rd. KT16: Chert 5D 22
MASWELL PARK 2H 11
Maswell Pk. Cres. TW3: Houn 2H 11
Maswell Pk. Rd. TW3: Houn 2H 11
Matthew Arnold Cl. KT11: Cobh 6H 35
TW18: Staines 4G 15
Matthew Arnold Sports Cen. 4G 15
Matthews La. TW18: Staines 2D 14
Maureen Campbell Ct. *TW17: Shep 4D 24*
(off Harrison Way)
Mauveine Gdns. TW3: Houn 1G 11
Mawbey Rd. KT16: Ott 6B 28
Maxwell Rd. TW15: Ashf 4E 17
Mayfair Av. TW2: Whit 4H 11
Mayfield Cl. KT12: Hers 4A 32
TW15: Ashf 4D 16
Mayfield Gdns. KT12: Hers 4A 32
TW18: Staines 4D 14
Mayfield Rd. KT12: Hers 4A 32
KT13: Weyb 5B 30
Maynard Ct. TW18: Staines 2E 15
Mayo Rd. KT12: Walt T 6A 26
Mays Cl. KT13: Weyb 3B 34
Mead Cl. TW20: Egh 4H 13
Mead Ct. TW20: Egh 4A 14
Meades, The KT13: Weyb 6E 31
Meadhurst Pk. TW16: Sun 4G 17
Meadhurst Rd. KT16: Chert 1F 29
Meadhurst Sports Club 3H 17
Mead La. KT16: Chert 6F 23
Meadow Cl. KT12: Hers 4F 33
SL4: Old Win 2B 4
TW4: Houn 3G 11
Meadow Ct. TW3: Houn 3H 11
TW18: Staines 1C 14
Meadow Gdns. TW18: Staines 3B 14
Meadowlands KT11: Cobh 6H 35
Meadowlands Cvn. Pk. KT15: Add 3A 30
Meadow Rd. TW13: Felt 6E 11
TW15: Ashf 3F 17
Meadows End TW16: Sun 6A 18
Meadowside KT12: Walt T 2C 32
TW18: Staines 3E 15
Meadows Leigh Cl. KT13: Weyb 3D 30
Meadow Vw. KT16: Chert 1G 29
TW19: Stan M 2D 6
Meadow Way KT15: Add 4F 29
SL4: Old Win 3B 4
Mead Rd. KT12: Hers 4E 33
Meadway TW15: Ashf 2C 16
TW18: Staines 5E 15
Meadway Cl. TW18: Staines 5D 14
Mede Cl. TW19: Wray 5D 4
Mede Ct. TW18: Staines 1C 14
Medlake Pl. TW20: Egh 5A 14
Medlake Rd. TW20: Egh 4A 14
Megabowl 6B 10
Melbury Cl. KT16: Chert 6E 23
Mellor Cl. KT12: Walt T 6F 27
Melrose Av. TW2: Whit 4H 11
Melrose Gdns. KT12: Hers 5C 32
Melrose Rd. KT13: Weyb 5C 30
Mercury Cen. TW14: Felt 2A 10
Mere Rd. KT13: Weyb 3F 31
TW17: Shep 5D 24
Mereside Pk. TW15: Ashf 2E 17
Mereside Pl. GU25: Vir W 4D 20
(Beechmont Av.)
GU25: Vir W 6A 20
(Beechwood Rd.)
Merrylands KT16: Chert 3C 28
Merton Way KT8: W Mole 3H 27
Mervyn Rd. TW17: Shep 6E 25
Metcalf Rd. TW15: Ashf 3D 16
Metcalf Wlk. TW13: Hanw 2E 19
Middle Grn. TW18: Staines 5H 15
Middle Hill TW20: Egh, Eng G 2C 12
Middlesex Ct. *KT15: Add 5G 29*
(off Marnham Pl.)
Midsummer Av. TW4: Houn 1F 11
Midway KT12: Walt T 2B 32
Midway Av. KT16: Chert 2E 23
TW20: Thorpe 2H 21
Midway Cl. TW18: Staines 1F 15
Milbourne La. KT10: Esh 6H 33
Mill, The KT13: Weyb 3C 30
Millbourne Rd. TW13: Hanw 2E 19
Millbrook KT13: Weyb 4G 31
Millers Cl. TW18: Staines 3F 15
Millers Ct. TW20: Egh 4B 14
Miller's La. SL4: Old Win 3A 4
Mill Farm Av. TW16: Sun 5G 17
Mill Farm Bus. Pk. TW4: Houn 4E 11
Mill Farm Cres. TW4: Houn 5E 11
Millfield TW16: Sun 6F 17
Millfield Rd. TW4: Houn 5E 11
Mill Ho. La. KT16: Chert 3H 21
TW20: Thorpe 3H 21
Mill La. KT14: Byfl 6B 34
TW20: Thorpe 3A 22
Mill Mead TW18: Staines 2D 14
Millmead KT10: Esh 2G 33
KT14: Byfl 5B 34
Millpond Ct. KT15: Add 5A 30
Mill Rd. KT10: Esh 2G 33
Mills Rd. KT12: Hers 5C 32
Mills Spur SL4: Old Win 4B 4
Mill Way TW14: Felt 2B 10
Millwood Rd. TW3: Houn 2H 11
Milton Dr. TW17: Shep 3A 24
Milton Gdns. TW19: Stanw 5B 8
Milton Rd. KT12: Walt T 3D 32
KT15: Add 6E 29
TW12: Hamp 5G 19
TW20: Egh 3F 13
Minerva Cl. TW19: Stan M 2E 7
Minimax Cl. TW14: Felt 3A 10
Minorca Rd. KT13: Weyb 4C 30
Minster Gdns. KT8: W Mole 3F 27
Minsterley Av. TW17: Shep 3G 25
Missenden Cl. TW14: Felt 5H 9
Misty's Fld. KT12: Walt T 1C 32
Mitre Cl. TW17: Shep 5F 25
Mixbury Gro. KT13: Weyb 6F 31
Mixnams La. KT16: Chert 2E 23
Moat Ct. KT16: Ott 6A 28
Moated Farm Dr.
KT15: Add, New H 6G 29
Moat Side TW13: Hanw 2C 18
Mole Abbey Gdns. KT8: W Mole 2H 27
Mole Rd. KT12: Hers 5D 32
Molesey Av. KT8: W Mole 4F 27
Molesey Cl. KT12: Hers 4E 33
MOLESEY HOSPITAL 4G 27
Molesey Pk. Av. KT8: W Mole 4H 27
Molesey Pk. Rd. KT8: E Mos 4H 27
KT8: W Mole 4H 27
Molesey Rd. KT8: W Mole 4D 32
KT12: Hers, Walt T, W Mole 5D 32
Molesham Cl. KT8: W Mole 2H 27
Molesham Way KT8: W Mole 2H 27
Molyneux Rd. KT13: Weyb 5C 30
Monarch Cl. TW14: Felt 4G 9
Monaveen Gdns. KT8: W Mole 2H 27
Monks Av. KT8: W Mole 4F 27
Monks Cres. KT12: Walt T 1B 32
KT15: Add 5F 29
Monks Rd. GU25: Vir W 3D 20
Monk's Wlk. KT16: Chert 3C 22
TW20: Thorpe 2B 22
Monks Way TW18: Staines 5H 15
Mono La. TW13: Felt 6B 10
Monsell Gdns. TW18: Staines 3C 14
Mons Wlk. TW20: Egh 3A 14
Montague Cl. KT12: Walt T 6B 26
Montford Rd. TW16: Sun 3A 26
Montpellier Ct. KT12: Walt T 5A 26
Montrose Av. TW2: Whit 4H 11
Montrose Cl. TW15: Ashf 4E 17
Montrose Rd. TW14: Bedf 3F 9
Montrose Wlk. KT13: Weyb 3D 30
Monument Grn. KT13: Weyb 3D 30
Monument Hill KT13: Weyb 4D 30
Monument Rd. KT13: Weyb 4D 30
MOOR, THE 6B 6
Moore Cl. KT15: Add 5F 29
Moore Gro. Cres. TW20: Egh 4F 13
Moorfields Cl. TW18: Staines 6C 14
Moorhayes Dr. TW18: Lale 2G 23
Moorland Cl. TW2: Whit 4G 11
Moorlands *KT12: Walt T 3A 32*
(off Ashley Pk. Rd.)
Moor La. TW19: Staines 5B 6
(not continuous)
Moormede Cres. TW18: Staines 2D 14
More La. KT10: Esh 3H 33
Morella Cl. GU25: Vir W 3D 20
Moretaine Rd. TW15: Ashf 1H 15
Morgan Ct. TW15: Ashf 3D 16
Morland Cl. TW12: Hamp 3F 19
Mornington Rd. TW15: Ashf 3E 17
Moss Gdns. TW13: Felt 6A 10
Mount, The GU25: Vir W 5D 20
KT10: Esh 6G 33
KT13: Weyb 2G 31
Mount Cl., The GU25: Vir W 5D 20
Mount Felix KT12: Walt T 1H 31
Mount Lee TW20: Egh 3F 13
Mount M. TW12: Hamp 6H 19
Mount Pleasant KT13: Weyb 3C 30
Mount Rd. TW13: Hanw 1E 19
Mountsfield Cl. TW19: Stan M 3E 7
Mount Wood KT8: W Mole 2H 27
Mowbray Av. KT14: Byfl 6A 34
Mowbray Cres. TW20: Egh 3G 13
Muckhatch La. TW20: Thorpe 2H 21
Mulberry Av. TW19: Stanw 5A 8
Mulberry Cl. KT13: Weyb 3D 30
Mulberry Trees TW17: Shep 6F 25
Mullens Rd. TW20: Egh 3H 13
Muncaster Cl. TW15: Ashf 2C 16
Muncaster Rd. TW15: Ashf 3D 16
Munster Av. TW4: Houn 2E 11
Murdoch Cl. TW18: Staines 3E 15
Murray Av. TW3: Houn 2H 11
Murray Ho. KT16: Ott 6A 28
Murray Rd. KT16: Ott 6A 28
Murray's La. KT14: Byfl 6A 34
Mustard Mill Rd. TW18: Staines 2D 14
Myrtle Av. TW14: Felt 2G 9
Myrtle Rd. TW12: Hamp H 4H 19

N

Nallhead Rd. TW13: Hanw 3C 18
Napier Lodge TW15: Ashf 4F 17
Napier Rd. TW15: Ashf 5F 17
Napier Wlk. TW15: Ashf 5F 17
Naseby Ct. KT12: Walt T 2C 32
Natalie Cl. TW14: Bedf 4F 9
Neil Cl. TW15: Ashf 3E 17
Nell Gwynne Av. TW17: Shep 5F 25

48 A-Z Staines & Chertsey

Nelson Cl.—Pantile Rd.

Nelson Cl. KT12: Walt T	1B 32
TW14: Felt	5H 9
Nelson Ct. TW16: Chert	1E 29
Nelson Gdns. TW3: Houn	3G 11
Nelson Rd. TW2: Whit	4H 11
TW3: Houn	3G 11
TW15: Ashf	3A 16
Nene Gdns. TW13: Hanw	6F 11
Netherby Pk. KT13: Weyb	5G 31
Netley Dr. KT12: Walt T	6F 27
Neville Cl. KT10: Esh	6F 33
Newark Ct. KT12: Walt T	1C 32
New Berry La. KT12: Hers	5D 32
New Chapel Sq. TW13: Felt	5B 10
New Cl. TW13: Hanw	3E 19
Newcombe Gdns. TW4: Houn	1F 11
New Ct. KT15: Add	3G 29
Newfield Cl. KT12: Hamp	6G 19
Newgate Cl. TW13: Hanw	6E 11
Newhall Gdns. KT12: Walt T	2C 32
Newhaven Cres. TW15: Ashf	3F 17
New Haw Rd. KT15: Add	5G 29
Newholme Ct. TW13: Weyb	3G 31
Newlands Cl. KT12: Hers	4E 33
Newlands Ct. KT15: Add	5F 29
(off Addlestone Pk.)	
Newlyn KT13: Weyb	4H 31
New Pde. TW15: Ashf	2B 16
New Pk. Rd. TW15: Ashf	3E 17
New Rd. KT8: W Mole	3G 27
KT13: Weyb	5E 31
TW3: Houn	1H 11
TW13: Hanw	3E 19
TW14: Bedf	3F 9
TW14: Felt	5B 10
TW17: Shep	2C 24
TW18: Staines	3A 14
New Sq. TW14: Bedf	5E 9
New Sq. Pk. TW14: Bedf	5E 9
New St. TW18: Staines	2E 15
Newton Ct. SL4: Old Win	3A 4
Newton La. SL4: Old Win	3B 4
Newtonside Orchard SL4: Old Win	3A 4
New Wickham La. TW20: Egh	5G 13
New Zealand Av. KT12: Walt T	1H 31
NHS WALK-IN CENTRE (WEYBRIDGE)	4C 30
Nicholas Lodge KT10: Esh	2G 33
Nicholes Rd. TW3: Houn	1G 11
Nicholson M. TW20: Egh	3G 13
(off Nicholson Wlk.)	
Nicholson Wlk. TW20: Egh	3G 13
Nightingale Rd. KT8: W Mole	4H 27
KT10: Esh	5F 33
KT12: Walt T	6C 26
TW12: Hamp	3G 19
Nightingales, The TW19: Stanw	5B 8
Nightingale Shott TW20: Egh	4F 13
Nine Elms Cl. TW14: Felt	5H 9
Noble St. KT12: Walt T	3C 32
Nobles Way TW20: Egh	4E 13
Norbury Rd. TW13: Felt	1H 17
Norfolk Gdns. TW4: Houn	2F 11
Norfolk Rd. TW13: Felt	5C 10
Norlands La. TW20: Thorpe	2C 22
Norman Av. TW13: Hanw	6E 11
Normandy Wlk. TW20: Egh	3A 14
Norman Ho. TW13: Hanw	6F 11
(off Watermill Way)	
Normanhurst TW15: Ashf	3C 16
Normanhurst Rd. KT12: Walt T	2D 32
Norman Rd. TW15: Ashf	4F 17
Norris Rd. TW18: Staines	2D 14
North Av. KT12: W Vill	2G 35
North Cl. TW14: Bedf	3F 9
North Comn. KT13: Weyb	4E 31
Northcote KT15: Add	4H 29
Northcroft Cl. TW20: Eng G	3B 12
Northcroft Gdns. TW20: Eng G	3B 12
Northcroft Rd. TW20: Eng G	3B 12
Northcroft Vs. TW20: Eng G	3B 12
NORTH FELTHAM	**3B 10**
Nth. Feltham Trad. Est. TW14: Felt	2B 10
Northfield Ct. TW18: Staines	6F 15
Northfield Pl. KT13: Weyb	1D 34
Northfield Rd. TW18: Staines	6F 15
North Gro. KT16: Chert	5D 22
North Mall TW18: Staines	2D 14
(in Elmsleigh Shop. Cen.)	
North Rd. KT12: Hers	5C 32
TW14: Bedf	3F 9

North St. TW20: Egh	3F 13
Northumberland Cl. TW19: Stanw	3A 8
Northumberland Cres. TW14: Felt	3G 9
Nth. Weylands Ind. Est.	
KT12: Walt T	2E 33
Notley End TW20: Eng G	5C 12
Nuns Wlk. GU25: Vir W	4D 20
Nursery Cl. TW14: Felt	4B 10
(not continuous)	
Nursery Gdns. TW4: Houn	2F 11
TW12: Hamp	2F 19
TW16: Sun	1H 25
TW18: Staines	4F 15
Nursery Pl. SL4: Old Win	3B 4
Nursery Rd. TW16: Sun	1G 25
Nursery Way TW19: Wray	3D 4
Nutbourne Ct. TW18: Staines	5D 14
Nuthatch Cl. TW19: Stanw	5B 8
Nutty Cl. TW17: Shep	2E 25

O

Oak Av. TW12: Hamp	3E 19
TW20: Egh	5A 14
Oakbank Av. KT12: Walt T	6F 27
Oakdale Rd. KT13: Weyb	3C 30
Oakdene Ct. KT12: Walt T	3B 32
KT13: Weyb	4C 30
Oakfield Cl. KT13: Weyb	4E 31
Oakfield Ct. KT13: Weyb	4E 31
Oakfield Glade KT13: Weyb	4E 31
Oakfield Rd. TW15: Ashf	3D 16
Oakfields KT12: Walt T	1A 32
Oak Gro. TW16: Sun	5B 18
Oakhall Dr. TW16: Sun	3H 17
Oakhill Gdns. KT13: Weyb	2G 31
Oakhill Rd. KT15: Add	6D 28
Oakington Dr. TW16: Sun	1C 26
Oakland Ct. KT15: Add	3F 29
Oaklands Dr. TW2: Whit	4H 11
Oak La. TW20: Eng G	1C 12
Oakley Cl. KT15: Add	4H 29
Oak Lodge TW16: Sun	5H 17
(off Forest Dr.)	
Oak Lodge Cl. KT12: Hers	5C 32
Oaks, The TW18: Staines	2D 14
Oaks Av. TW13: Felt	6E 11
Oaks Rd. TW19: Stanw	3H 7
Oak Tree Cl. GU25: Vir W	5D 20
Oak Tree Dr. TW20: Eng G	3C 12
Oak Way TW14: Felt	5G 9
Oakwood Grange KT13: Weyb	3G 31
Oakwood Rd. GU25: Vir W	4C 20
Oast Ho. Cl. TW19: Wray	4E 5
Oatlands Av. KT13: Weyb	5F 31
Oatlands Chase KT13: Weyb	3G 31
Oatlands Cl. KT13: Weyb	4E 31
Oatlands Dr. KT13: Weyb	4E 31
Oatlands Grn. KT13: Weyb	3F 31
Oatlands Mere KT13: Weyb	3F 31
OATLANDS PARK	**3G 31**
Oberon Way TW17: Shep	2A 24
Octagon Rd. KT12: W Vill	2G 35
Octavia Way TW18: Staines	4E 15
Odard Rd. KT8: W Mole	3G 27
Odeon Cinema	**4H 33**
Ogden Ho. TW13: Hanw	1E 19
Old Av. KT13: Weyb	1E 35
Oldbury Rd. KT16: Chert	6C 22
Old Charlton Rd. TW17: Shep	4E 25
Old Chestnut Av. KT10: Esh	6G 33
Old Chu. Path KT10: Esh	4H 33
Old Coach Rd. KT16: Chert	4B 22
Old Courtyard, The TW20: Egh	4F 13
Old Esher Cl. KT12: Hers	5D 32
Old Esher Rd. KT12: Hers	5D 32
Old Farm Cl. TW4: Houn	1F 11
Old Farm Pas. TW12: Hamp	6H 19
Old Farm Rd. TW12: Hamp	4F 19
(not continuous)	
Old Ferry Dr. TW19: Wray	3C 4
Oldfield Rd. TW12: Hamp	6F 19
Old Forge Cres. TW17: Shep	5D 24
Old Mnr. Ho. M. TW17: Shep	2C 24
Old Mill Pl. TW19: Wray	3H 5
Old Nursery Pl. TW15: Ashf	3D 16
Old Orchard KT14: Byfl	5B 34
TW16: Sun	1C 26
Old Pal. Rd. KT13: Weyb	3D 30

Old Rope Wlk. TW16: Sun	2B 26
Old School Ct. TW19: Wray	4E 5
Old School M. KT13: Weyb	4F 31
TW18: Staines	3B 14
Old Wharf Way KT13: Weyb	4B 30
OLD WINDSOR	**3A 4**
Old Windsor Lock SL4: Old Win	2C 4
Oliver Cl. KT15: Add	4E 29
Omega Way TW20: Thorpe	6A 14
Ongar Cl. KT15: Add	6D 28
Ongar Hill KT15: Add	6E 29
Ongar Pde. KT15: Add	6E 29
Ongar Pl. KT15: Add	6E 29
Ongar Rd. KT15: Add	5E 29
Onslow M. KT16: Chert	5D 22
Onslow Rd. KT12: Hers	4H 31
Orchard, The GU25: Vir W	4E 21
KT13: Weyb	4D 30
Orchard Av. TW14: Felt	2F 9
TW15: Ashf	4E 17
Orchard Cl. KT12: Walt T	6B 26
TW15: Ashf	4E 17
TW20: Egh	3H 13
Orchard Ct. KT12: Walt T	1H 31
(off Bridge St.)	
Orchard Dr. TW17: Shep	2G 25
Orchard End KT13: Weyb	2G 31
Orchard Rd. SL4: Old Win	3B 4
TW4: Houn	2F 11
TW12: Hamp	5F 19
TW13: Felt	5F 19
TW16: Sun	5B 18
Orchard Way KT10: Esh	6H 33
KT15: Add	5F 29
TW15: Ashf	6B 8
Orchid Cl. TW20: Egh	2H 13
Orchid Gdns. TW3: Houn	1F 11
Ordnance Cl. TW13: Felt	6A 10
Orleans Cl. KT12: Walt T	2C 32
Ormond Av. TW12: Hamp	6H 19
Ormond Cres. TW12: Hamp	6H 19
Ormond Dr. TW12: Hamp	5H 19
Ormonde Pl. KT13: Weyb	6F 31
Orpwood Cl. TW12: Hamp	4F 19
Osborne Av. TW19: Stanw	5A 8
Osborne Cl. TW13: Hanw	3D 18
Osborne Rd. KT12: Walt T	1A 32
TW3: Houn	1F 11
TW20: Egh	4F 13
Osier Pl. TW20: Egh	4A 14
Ostlers Dr. TW15: Ashf	3E 17
Otter Cl. TW16: Ott	6A 28
Ottermead La. KT16: Ott	6A 28
OTTERSHAW	**6A 28**
Ouseley Lodge SL4: Old Win	4C 4
(off Ouseley Rd.)	
Ouseley Rd. SL4: Old Win	4C 4
(not continuous)	
TW19: Wray	4C 4
Outram Pl. KT13: Weyb	5E 31
Owen Ho. TW14: Felt	4A 10
Oxford Cl. TW15: Ashf	5E 17
Oxford Cl. TW13: Hanw	2D 18
Oxford Way TW13: Hanw	2D 18
Oyster La. KT14: Byfl	3A 34

P

Pacific Cl. TW14: Felt	5H 9
Padbury Cl. TW14: Bedf	5F 9
Paddock Cvn. Site, The	
GU25: Vir W	5E 21
Paddocks, The KT13: Weyb	3G 31
Paddocks Way KT16: Chert	1F 29
Padstow Wlk. TW14: Felt	5H 9
Page Cl. TW12: Hamp	4E 19
Page Cft. KT15: Add	2F 29
Page Rd. TW14: Bedf	3F 9
Painesfield Dr. KT16: Chert	1E 29
PAINSHILL	**6H 35**
Pains Hill Ho. KT11: Cobh	6H 35
Palace Dr. KT13: Weyb	3D 30
Palace Way KT13: Weyb	3D 30
Palmer Cres. KT16: Ott	6B 28
Palmers Gro. KT8: W Mole	3G 27
Pankhurst Rd. KT12: Walt T	6C 26
Pannells Cl. KT16: Chert	1D 28
Pantile Rd. KT13: Weyb	4F 31

A-Z Staines & Chertsey 49

Parade, The—Queensway Sth.

Parade, The GU25: Vir W 5D **20**
  TW16: Sun 5H **17**
  TW18: Staines 3B **14**
Park Av. TW3: Houn 3H **11**
  TW17: Shep 2G **25**
  TW18:-Staines 4D **14**
  TW19: Wray 2D **4**
  TW20: Egh 4A **14**
Park Cl. KT10: Esh 6G **33**
  KT12: Walt T 2H **31**
Park Dr. KT13: Weyb 5D **30**
Parke Rd. TW16: Sun 3A **26**
Parkfield Av. TW13: Felt 1A **18**
Parkfield Cres. TW13: Felt 1A **18**
Parkfield Pde. TW13: Felt 1A **18**
Parkfield Rd. TW13: Felt 1A **18**
Parkland Gro. TW15: Ashf 2C **16**
Parkland Rd. TW15: Ashf 2C **16**
Parklands KT15: Add 5G **29**
Parklands Cl. KT16: Chert 3A **28**
Park La. SL3: Hort 1G **5**
Pk. Lawn Rd. KT13: Weyb 4E **31**
Park M. TW19: Stanw 4B **8**
Park Pl. TW12: Hamp H 4H **19**
Park Rd. KT10: Esh 4H **33**
  TW3: Houn 2H **11**
  TW12: Hamp H 2H **19**
  TW13: Hanw 2D **18**
  TW15: Ashf 3D **16**
  TW16: Sun 5B **18**
  TW17: Shep 1C **30**
  TW19: Stanw, Stan M 3F **7**
  TW20: Egh 2G **13**
Parkside Ct. KT13: Weyb 4C **30**
Parkside Pl. TW18: Staines 4E **15**
Parkside Rd. TW3: Houn 2H **11**
Park Sq. KT10: Esh 4H **33**
Park Vw. KT15: Add 5G **29**
Park Way KT8: W Mole 2H **27**
  TW14: Felt 4B **10**
Parkway KT13: Weyb 4F **31**
Parkwood Gro. TW16: Sun 2A **26**
Parnell Gdns. KT13: Weyb 4C **34**
Parr Ct. TW13: Hanw 2C **18**
Parrs Pl. TW12: Hamp 5G **19**
Parry Dr. KT13: Weyb 3C **34**
Parsonage Rd. TW20: Eng G 3D **12**
Partridge Rd. TW12: Hamp 4F **19**
Parvis Rd. KT14: Byfl 5A **34**
Paterson Rd. TW15: Ashf 3H **15**
Pates Mnr. Dr. TW14: Bedf 4F **9**
Patmore La. KT12: Hers 6H **31**
Paul Ct. TW20: Egh 3B **14**
Pauline Cres. TW2: Whit 5H **11**
Paul Robeson Theatre, The 1H **11**
Paul Vanson Ct. KT12: Hers 6D **32**
Pavilion Gdns. TW18: Staines 5F **15**
  (not continuous)
Paxton Cl. KT12: Walt T 6C **26**
Peach Rd. TW13: Felt 5A **10**
Peacock Av. TW14: Bedf 5F **9**
Pearce Rd. KT8: W Mole 2H **27**
Pearmain Cl. TW17: Shep 4D **24**
Pears Av. TW17: Shep 2G **25**
Pear Tree Cl. TW15: Add 5E **29**
Pear Tree Rd. KT15: Add 5E **29**
  TW15: Ashf 3E **17**
Pegasus Ct. TW20: Egh 3H **13**
Peket Cl. TW18: Staines 6C **14**
Pelham Ct. TW18: Staines 3F **15**
  (off Kingston Rd.)
Pelham's Cl. KT10: Esh 4G **33**
Pelham's Wlk. KT10: Esh 4G **33**
Pelling Hill SL4: Old Win 4B **4**
Pembridge Av. TW2: Whit 5F **11**
Pembroke Av. KT12: Hers 4D **32**
Penderel Rd. TW3: Houn 2G **11**
Peninsular Cl. TW14: Felt 3F **9**
Pennards, The TW16: Sun 2C **26**
Pennington Dr. KT13: Weyb 3G **31**
Penny La. TW17: Shep 6G **25**
Penrose Ct. TW20: Eng G 4D **12**
  (not continuous)
Pentelow Gdns. TW14: Felt 3A **10**
Pentland Av. TW17: Shep 4C **24**
Penton Av. TW18: Staines 5D **14**
Penton Ct. TW18: Staines 3D **14**
Penton Hall TW18: Staines 6E **15**
Penton Hall Dr. TW18: Staines 6E **15**
Penton Hook Marina 2E **33**

Penton Hook Rd. TW18: Staines 5E **15**
Penton Pk. Cvn. Site KT16: Chert 2F **23**
Penton Rd. TW18: Staines 5D **14**
Percival Rd. TW13: Felt 6H **9**
Percy Av. TW15: Ashf 3C **16**
Percy Bryant Rd. TW16: Sun 5G **17**
Percy Rd. TW2: Whit 5H **11**
  TW12: Hamp 5G **19**
Percy Way TW2: Whit 5H **11**
Peregrine Rd. TW16: Sun 1H **25**
Perkin Cl. TW3: Houn 1G **11**
Perkins Ct. TW15: Ashf 3B **16**
Perrin Ct. TW15: Ashf 3B **16**
Perrin Ct. TW15: Ashf 2C **16**
Petersfield Av. TW18: Staines 3G **15**
Petersfield Rd. TW18: Staines 3G **15**
Petersham Av. KT14: Byfl 5A **34**
Petersham Cl. TW14: Byfl 5A **34**
Petts La. TW17: Shep 3C **24**
Pevensey Rd. TW13: Felt 5E **11**
Pharaoh's Island TW17: Shep 2B **30**
Philip Rd. TW18: Staines 4H **15**
Phoenix Ct. TW4: Houn 2D **10**
Pickwick Cl. TW4: Houn 2E **11**
Pier Rd. TW14: Felt 2B **10**
Pigeon La. TW12: Hamp 2G **19**
Pine Ct. KT13: Weyb 5E **31**
Pine Cft. KT13: Weyb 6F **31**
  (off St George's Rd.)
Pinefields KT15: Add 4F **29**
  (off Church Rd.)
Pine Gro. KT13: Weyb 5D **30**
Pine Gro. M. KT13: Weyb 5E **31**
Pinel Cl. GU25: Vir W 3E **21**
Pineridge Cl. KT13: Weyb 4G **31**
Pines, The TW16: Sun 2A **26**
Pine Trees Bus. Pk.
  TW18: Staines 3C **14**
Pine Way TW20: Eng G 4B **12**
Pine Wood TW16: Sun 6A **18**
Pinewood Ct. KT15: Add 4H **29**
Pinewood Dr. TW18: Staines 3E **15**
Pinewood M. TW19: Stanw 3H **7**
Pinewood Rd. GU25: Vir W 3A **20**
  TW13: Felt 1B **18**
Pinkcoat Cl. TW13: Felt 1B **18**
Piper's End GU25: Vir W 2D **20**
Pippins Ct. TW15: Ashf 4D **16**
Pitson Cl. KT15: Add 4H **29**
Planes, The KT16: Chert 6G **23**
Plane Tree Cres. TW13: Felt 1B **18**
Playhouse, The 1H **31**
  (off Hurst Gro.)
Pleasant Pl. KT12: Hers 6C **32**
Plevna Rd. TW12: Hamp 5G **19**
Plover Cl. TW18: Staines 1D **14**
Plum Cl. TW13: Felt 5A **10**
Plymen Ho. KT8: W Mole 4G **27**
Polehamptons, The TW12: Hamp 6H **19**
Police Sta. Rd. KT12: Hers 6C **32**
Pollard Cl. SL4: Old Win 2B **4**
Pond Cl. KT12: Hers 6H **31**
  (not continuous)
Pond Ho. KT16: Chert 6F **23**
Pond Rd. TW20: Egh 4A **14**
Ponds, The KT13: Weyb 6F **31**
Pool Cl. KT8: W Mole 4F **27**
POOL END 4C **24**
Pool End Cl. TW17: Shep 4C **24**
Pooley Av. TW20: Egh 3H **13**
POOLEY GREEN 3A **14**
Pooley Grn. Cl. TW20: Egh 3A **14**
Pooley Grn. Rd. TW20: Egh 3H **13**
Pool Rd. KT8: W Mole 4F **27**
Pope Cl. TW14: Felt 5H **9**
Popham Cl. TW13: Hanw 1F **19**
Poplar Rd. TW15: Ashf 3E **17**
Poplar Way TW13: Felt 1A **18**
Portland Cres. TW13: Felt 2F **17**
Portland Rd. TW15: Ashf 1A **16**
Portmore Pk. Rd. KT13: Weyb 4C **30**
Portmore Pl. KT13: Weyb 3F **31**
  (off Oatlands Dr.)
Portmore Quays KT13: Weyb 4B **30**
Portmore Way KT13: Weyb 3C **30**
Portnall Ri. GU25: Vir W 4A **20**
Portnall Rd. GU25: Vir W 4A **20**
Portsmouth Rd. GU23: Wis 6G **35**
  KT10: Esh 6G **33**
  (Old Chestnut Av.)

Portsmouth Rd. KT10: Esh 4H **33**
  (Sandown Rd.)
  KT11: Cobh 6H **35**
Portugal Gdns. TW2: Twick 6H **11**
Post Office All. TW12: Hamp 1H **27**
Potteries, The KT16: Ott 6C **28**
Poulcott TW19: Wray 3E **5**
Pound Rd. KT16: Chert 6F **23**
Powder Mill La. TW2: Whit 4F **11**
Pownall Gdns. TW3: Houn 1H **11**
Pownall Rd. TW3: Houn 1H **11**
Poyle Pk. SL3: Poyle 1C **6**
Prairie Cl. KT15: Add 3F **29**
Prairie Rd. KT15: Add 3F **29**
Pratts La. KT12: Hers 4D **32**
Precinct, The KT8: W Mole 2H **27**
  TW20: Egh 3G **13**
Preston Ct. KT12: Walt T 1C **32**
Preston Rd. TW17: Shep 4C **24**
Pretoria Rd. KT16: Chert 1D **28**
Price Way TW12: Hamp 4E **19**
Priest Hill SL4: Old Win 1C **12**
  TW20: Eng G, Old Win 1C **12**
Primrose Rd. KT12: Hers 5C **32**
Prince Albert Ct. TW16: Sun 5G **17**
Princes Ct. KT13: Weyb 5D **30**
  (off Princes Rd.)
Princes M. TW3: Houn 1G **11**
Princes Rd. KT13: Weyb 5D **30**
  TW13: Felt 6H **9**
  TW15: Ashf 3B **16**
  TW20: Egh 4F **13**
PRINCESS ALICE HOSPICE 5G **33**
Princess Marys Rd. KT15: Add 4G **29**
Prince William Ct. TW15: Ashf 3B **16**
  (off Princes Rd.)
Priory Cl. KT12: Walt T 3A **32**
  TW12: Hamp 6F **19**
  TW16: Sun 5A **18**
Priory Ct. TW20: Egh 4A **14**
Priory Gdns. TW12: Hamp 5F **19**
  TW15: Ashf 3F **17**
Priory Grn. TW18: Staines 3F **15**
Priory La. KT8: W Mole 3H **27**
Priory M. TW18: Staines 3F **15**
Priory Pl. KT12: Walt T 3A **32**
Priory Rd. TW12: Hamp 5F **19**
Priory Ter. TW16: Sun 5A **18**
Proctors Cl. TW14: Felt 5A **10**
Profumo Rd. KT12: Hers 5D **32**
Prologis Pk. TW4: Houn 1C **10**
Prospect Cres. TW2: Whit 3H **11**
Prospect La. TW20: Eng G 3A **12**
Prospect Pl. TW18: Staines 3D **14**
Prune Hill TW20: Egh, Eng G 5D **12**
Pulborough Way TW4: Houn 1C **10**
Pullmans Pl. TW18: Staines 3E **15**
Pyrcroft La. KT13: Weyb 5D **30**
Pyrcroft Rd. KT16: Chert 6C **22**

Q

Quadrant, The KT13: Weyb 4C **30**
  (off Church St.)
Quadrant Way KT13: Weyb 4C **30**
QUEEN ELIZABETH HOUSE 3C **12**
Queen Mary Ct. TW19: Stanw 5A **8**
Queen Mary Rd. TW17: Shep 1E **25**
Queens Av. KT14: Byfl 2C **34**
  TW13: Hanw 2C **18**
Queen's Cl. KT10: Esh 4H **33**
  SL4: Old Win 2A **4**
Queens Ct. KT13: Weyb 5F **31**
  TW18: Staines 4H **15**
Queens La. TW15: Ashf 2B **16**
Queen's Pk. Gdns. TW13: Felt 1H **17**
Queens Rd. KT12: Hers 4H **31**
  KT13: Weyb 4E **31**
  TW12: Hamp H 2H **19**
  TW13: Felt 5B **10**
  TW20: Egh 3F **13**
Queen St. KT16: Chert 1E **29**
Queen's Wlk. TW15: Ashf 4C **16**
Queens Way TW13: Hanw 2C **18**
Queensway TW16: Sun 1B **26**
Queensway Nth. KT12: Hers 4C **32**
  (not continuous)
Queensway Sth. KT12: Hers 5C **32**
  (not continuous)

Queenswood Av.—Ryelands Pl.

Queenswood Av. TW12: Hamp 4H **19**
Quentin Way GU25: Vir W 3B **20**
Quiet Cl. KT15: Add 4E **29**
Quillot, The KT12: Hers 5H **31**
Quincy Rd. TW20: Egh 3G **13**

R

Rabbit La. KT12: Hers 6A **32**
Racquets & Fitness Spa, The 1G **19**
Radius Pk. TW14: Felt 1H **9**
Radley Cl. TW14: Felt 5H **9**
Radnor Rd. KT13: Weyb 3C **30**
Raglan Cl. TW4: Houn 2F **11**
Railway Ter. TW13: Felt 5A **10**
TW18: Staines 3B **14**
Raleigh Ct. TW18: Staines 2E **15**
Raleigh Rd. TW13: Felt 1H **17**
Raleigh Way TW13: Hanw 3C **18**
Ramornie Cl. KT12: Hers 5F **33**
Randall Ct. *SL4: Old Win 3A 4*
(off Lyndwood Dr.)
Ranger Wlk. KT15: Add 5F **29**
Range Way TW17: Shep 6C **24**
Ranmore Pl. KT13: Weyb 5E **31**
Ravendale Rd. TW16: Sun 1H **25**
Ravenfield TW20: Eng G 4C **12**
Ravensbourne Av. TW19: Stanw 5A **8**
Ravensbourne Ter. TW19: Stanw 5A **8**
Ravenscourt TW16: Sun 6H **17**
Ravenscroft Rd. KT13: Weyb 4E **35**
Ravensdale M. TW18: Staines 4F **15**
Rawsthorne Ct. TW4: Houn 1F **11**
Ray Rd. KT8: W Mole 4H **27**
Rectory Cl. KT14: Byfl 6A **34**
TW17: Shep 2C **24**
Rectory Ct. TW13: Felt 2C **18**
Rectory Gro. TW12: Hamp 2F **19**
Rectory La. KT14: Byfl 6A **34**
Rede Ct. *KT13: Weyb 3D 30*
(off Old Pal. Rd.)
Redfern Av. TW4: Houn 4G **11**
Redford Cl. TW13: Felt 6H **9**
Redhill Rd. KT11: Cobh 5D **34**
Red Ho. La. KT12: Walt T 2A **32**
Redland Gdns. KT8: W Mole 3F **27**
Redleaves Av. TW15: Ashf 4D **16**
Redwood TW20: Thorpe 1C **22**
Redwood M. *TW15: Ashf 5F 17*
(off Staines Rd. W.)
Redwoods KT15: Add 6E **29**
Reed Pl. TW17: Shep 1B **30**
Reedsfield Cl. TW15: Ashf 1D **16**
Reedsfield Rd. TW15: Ashf 2D **16**
Regency Cl. TW12: Hamp 3F **19**
Regency Ct. *KT15: Add 4H 29*
(off Albert Rd.)
Regency Gdns. KT12: Walt T 1C **32**
Regency Lodge *KT13: Weyb 3G 31*
(off Oatlands Chase)
Regents Ct. KT13: Weyb 6D **30**
Regnolruf Ct. KT12: Walt T 6A **26**
Rembrandt Way KT12: Walt T 2B **32**
Renfree Way TW17: Shep 6C **24**
Rennie Cl. TW15: Ashf 1H **15**
Restormel Cl. TW3: Houn 2G **11**
Retreat, The TW20: Eng G 3D **12**
Rex Av. TW15: Ashf 4C **16**
Rhodes Cl. TW20: Egh 3H **13**
Rhodes Ct. *TW20: Egh 3A 14*
(off Pooley Grn. Cl.)
Ricardo Rd. SL4: Old Win 3B **4**
Richmond Av. TW14: Felt 3G **9**
Richmond Cres. TW18: Staines 3D **14**
Richmond Dr. TW17: Shep 5F **25**
Richmond Rd. TW18: Staines 3D **14**
Rickman Ct. KT15: Add 3F **29**
Rickman Cres. KT15: Add 3F **29**
Ridgemead Rd. TW20: Eng G 1A **12**
Ridgemount KT13: Weyb 2G **31**
Ridge Way TW13: Hanw 1E **19**
Ridgeway GU25: Vir W 4E **21**
Ridgeway, The KT12: Walt T 1H **31**
Ridings, The KT15: Add 6C **28**
TW16: Sun 6A **18**
Ringmore Rd. KT12: Walt T 3C **32**
Ringwood Way TW12: Hamp H 2G **19**
Ripley Av. TW20: Egh 4E **13**
Ripley Rd. TW12: Hamp 5G **19**
RIPLEY SPRINGS 4E **13**
Ripston Rd. TW15: Ashf 3F **17**
RIVER ASH ESTATE 6H **25**
River Bank TW12: Hamp 2G **27**
Riverbank TW18: Staines 4D **14**
River Bourne Health Club 6E **23**
River Crane Way *TW13: Hanw 6F 11*
(off Watermill Way)
Riverdale Rd. TW13: Hanw 2E **19**
Riverdene Ind. Est. KT12: Hers 5D **32**
Riverfield Rd. TW18: Staines 4D **14**
River Gdns. TW14: Felt 2B **10**
River Gdns. Bus. Cen.
TW14: Felt 2B **10**
Riverhouse Barn 6H **25**
Rivermead KT8: W Mole 2H **27**
KT14: Byfl 6B **34**
Rivermead Cl. KT15: Add 6G **29**
Rivermead Ho. *TW16: Sun 2C 26*
(off Thames St.)
River Meads Av. TW2: Twick 1G **19**
River Mole Bus. Pk. KT10: Esh 2G **33**
River Mt. KT12: Walt T 6H **25**
Rivernook Cl. KT12: Walt T 4C **26**
River Pk. Av. TW18: Staines 2B **14**
River Rd. TW18: Staines 6D **14**
Riversdell Cl. KT16: Chert 6D **22**
Riverside KT16: Chert 1E **23**
TW16: Sun 2D **26**
TW17: Shep 6G **25**
TW18: Staines 3D **14**
(Laleham Rd.)
TW18: Staines 6D **14**
(Temple Gdns.)
TW19: Wray 4C **4**
TW20: Egh 1G **13**
Riverside Cl. TW18: Staines 6D **14**
Riverside Ct. TW14: Felt 4G **9**
Riverside Dr. KT10: Esh 4G **33**
TW18: Staines 3C **14**
Riverside Pk. KT13: Add 5A **30**
Riverside Pl. TW19: Stanw 3H **7**
Riverside Rd. KT12: Hers 4E **33**
TW18: Staines 5D **14**
TW19: Stanw 2H **7**
River Vw. KT15: Add 5G **29**
Riverview Gdns. KT11: Cobh 6H **35**
River Wlk. KT12: Walt T 5A **26**
River Way TW2: Twick 6H **11**
Riverway TW18: Staines 6F **15**
Roakes Av. KT15: Add 2F **29**
Robert Cl. KT12: Hers 5B **32**
Roberts Cl. TW19: Stanw 3G **7**
Roberts Way TW20: Eng G 5C **12**
Robin Cl. KT15: Add 5H **29**
TW12: Hamp 3E **19**
Robinsway KT12: Hers 4C **32**
Robin Way TW18: Staines 1D **14**
Robin Willis Way SL4: Old Win 3A **4**
Rochester Av. TW13: Felt 6H **9**
Rochester Pde. TW13: Felt 6A **10**
Rochester Rd. TW18: Staines 4B **14**
Rodd Est. TW17: Shep 4E **25**
Rodney Cl. KT12: Walt T 1C **32**
Rodney Grn. KT12: Walt T 2C **32**
Rodney Rd. KT12: Walt T 2C **32**
TW2: Whit 3G **11**
Rodona Rd. KT13: Weyb 4F **35**
Rodwell Ct. KT12: Walt T 3B **32**
KT15: Add 4G **29**
Roebuck Cl. TW13: Felt 2B **18**
Rollit Cres. TW3: Houn 2G **11**
Romana Ct. TW18: Staines 2E **15**
Roman Cl. TW14: Felt 2C **10**
Romney Cl. TW15: Ashf 3E **17**
Ronneby Cl. KT13: Weyb 3G **31**
Rookeries Cl. TW13: Felt 1B **18**
Rookery Rd. TW18: Staines 3F **15**
Rooksmead Rd. TW16: Sun 1H **25**
Rope Wlk. TW16: Sun 2C **26**
Rosa Av. TW15: Ashf 2C **16**
Rosary Gdns. TW15: Ashf 2D **16**
Roseacre Cl. TW17: Shep 4C **24**
Rosefield Gdns. KT16: Ott 6B **28**
Rosefield Rd. TW18: Staines 2E **15**
Rose Gdns. TW13: Felt 6A **10**
TW19: Stanw 4H **7**
Roseheath Rd. TW4: Houn 2F **11**
Rosehill TW12: Hamp 6G **19**
Rosemary Av. KT8: W Mole 2G **27**
Rosemary Ga. KT10: Esh 5H **33**
Rosemary La. TW20: Thorpe 2H **21**
Rosemead KT16: Chert 6F **23**
Rosemead Av. TW13: Felt 6H **9**
Rosery, The TW20: Thorpe 1C **22**
Rose Vw. KT15: Add 5G **29**
Roseville Av. TW3: Houn 2G **11**
Rosewood Dr. TW17: Shep 4B **24**
Rossindel Rd. TW3: Houn 2G **11**
Rosslyn Av. TW14: Felt 3A **10**
Rosslyn Cl. TW16: Sun 4G **17**
Rosslyn Pk. KT13: Weyb 4F **31**
Ross Rd. TW2: Whit 5H **11**
Rothsay Ct. KT13: Weyb 6F **31**
Round Oak Rd. KT13: Weyb 4B **30**
Roundway TW20: Egh 3A **14**
Routh Ct. TW14: Bedf 5F **9**
Rowan Av. TW20: Egh 3A **14**
Rowan Grn. KT13: Weyb 4F **31**
Rowans, The TW16: Sun 3H **17**
ROWHILL 6D **28**
Rowhill KT15: Add 6D **28**
Rowhurst Av. KT15: Add 6F **29**
Rowland Hill Almshouses
TW15: Ashf 3C 16
(off Feltham Hill Rd.)
Rowland Way TW15: Ashf 5F **17**
ROW TOWN 6E **29**
Row Town KT15: Add 6D **28**
Roxeth Ct. TW15: Ashf 3C **16**
Roxford Cl. TW17: Shep 4G **25**
Royal Holloway
University of London 4D **12**
Royal Holloway University Sports Cen. 5E **13**
Roydon Ct. KT12: Hers 4A **32**
TW20: Egh 4B **14**
Roy Gro. TW12: Hamp 4H **19**
Royston Av. KT14: Byfl 5A **34**
Royston Cl. KT12: Walt T 1A **32**
Royston Pk. KT14: Byfl 5A **34**
Royston Rd. KT14: Byfl 5A **34**
Rudge Ri. KT15: Add 5D **28**
Ruggles-Brise Rd.
TW15: Ashf 3H **15**
Rumsey Cl. TW12: Hamp 4F **19**
Runnemede Rd. TW20: Egh 2F **13**
RUNNYMEDE 6D **4**
RUNNYMEDE BMI HOSPITAL, THE 3B **28**
Runnymede Cl. TW2: Whit 3H **11**
Runnymede Ct. TW20: Egh 2G **13**
Runnymede Gdns. TW2: Whit 3H **11**
Runnymede Ho. *KT16: Chert 6E 23*
(off Heriot Rd.)
Runnymede Rd. TW2: Whit 3H **11**
Runnymede Rdbt. TW20: Egh 2H **13**
Rupert Ct. *KT8: W Mole 3G 27*
(off St Peters Rd.)
Ruscombe Way TW14: Felt 4H **9**
Rusham Ct. TW20: Egh 4G **13**
Rusham Pk. Av. TW20: Egh 4F **13**
Rusham Rd. TW20: Egh 4F **13**
Rushbury Ct. TW12: Hamp 6G **19**
Rushmere Pl. TW20: Eng G 3E **13**
Rushmon Gdns. KT12: Walt T 3B **32**
Ruskin Av. TW14: Felt 3H **9**
Ruskin Rd. TW18: Staines 4D **14**
Rusmon Ct. KT16: Chert 6D **22**
Russell Dr. TW19: Stanw 3H **7**
Russell Rd. KT12: Walt T 5A **26**
TW17: Shep 6E **25**
Russet Av. TW17: Shep 2G **25**
Russet Cl. KT12: Hers 3D **32**
TW19: Stan M 3D **6**
Russington Rd. TW17: Shep 5F **25**
Rutherwyk Rd. KT16: Chert 6C **22**
Ruxbury Ct. TW15: Ashf 1A **16**
Ruxbury Rd. KT16: Chert 5A **22**
Ruxley Gdns. TW17: Shep 4E **25**
Rybrook Dri KT12: Walt T 2C **32**
Rydal Gdns. TW3: Houn 3H **11**
Rydal Way TW20: Egh 5H **13**
Ryde, The TW18: Staines 6F **15**
RYDENS 3C **32**
Rydens Av. KT12: Walt T 2B **32**
Rydens Cl. KT12: Walt T 2C **32**
Rydens Gro. KT12: Hers 4D **32**
Rydens Pk. KT12: Walt T 2D **32**
Rydens Rd. KT12: Walt T 3B **32**
Ryecroft Av. TW2: Whit 4H **11**
Ryelands Pl. KT13: Weyb 3G **31**

A-Z Staines & Chertsey 51

Ryland Cl.—Sledmere Ct.

Ryland Cl. TW13: Felt 2H **17**
Rylton Ho. KT12: Walt T 1A **32**

S

Sabah Ct. TW15: Ashf 2C **16**
Saddlebrook Pk. TW16: Sun 5G **17**
Sadlers Ride KT8: W Mole 1H **27**
Saffron Ct. TW14: Bedf 4E **9**
St Albans Av. KT13: Weyb 3C **30**
TW13: Hanw 3D **18**
St Andrew's Cl. SL4: Old Win 3A **4**
TW17: Shep 3F **25**
TW19: Wray 3E **5**
St Anne's Av. TW19: Stanw 4H **7**
St Ann's Cl. KT16: Chert 5D **22**
St Ann's Ct. GU25: Vir W 4F **21**
St Ann's Hill Rd. KT16: Chert 5A **22**
St Ann's Rd. KT16: Chert 5C **22**
(Pyrcroft Rd.)
KT16: Chert 5D **22**
(Staines Rd.)
St Anthony's Way TW14: Felt 1H **9**
St Aubyn's Av. TW3: Houn 2G **11**
St Barnabas Gdns. KT8: W Mole 4G **27**
St Catherines *KT13: Weyb* *3D* ***30***
(off Thames St.)
St Catherines Ct. TW13: Felt 5A **10**
TW18: Staines 2E **15**
St Catherines Pl. TW20: Egh 3G **13**
St Charles Ct. KT13: Weyb 5C **30**
St Charles Pl. KT13: Weyb 5C **30**
St Christophers Ct. *KT12: Walt T* *2C* ***32***
(off Rydens Av.)
St Clare Bus. Pk. TW12: Hamp H 4H **19**
St Cuthberts Cl. TW20: Eng G 4D **12**
St Davids Ct. TW15: Ashf 6B **8**
St Davids Dr. TW20: Eng G 5C **12**
St Dunstan's Rd. TW13: Felt 1H **17**
St Edmund's La. TW2: Whit 4H **11**
St George's Av. KT13: Weyb 6D **30**
St Georges Bus. Pk. KT13: Weyb 2C **34**
St George's Cl. KT13: Weyb 5E **31**
St Georges Ct. KT15: Add 4G **29**
ST GEORGE'S HILL 3D **34**
St George's Rd. KT13: Weyb 6F **31**
KT15: Add 4G **29**
TW13: Hanw 2D **18**
St Helier's Av. TW3: Houn 2G **11**
St Hilda's Av. TW15: Ashf 3A **16**
St James M. KT13: Weyb 4D **30**
St James's Av. TW12: Hamp H 3H **19**
St James's Rd. TW12: Hamp H 3H **19**
St John's Ct. TW20: Egh 3G **13**
St John's Dr. KT12: Walt T 1C **32**
St John's Rd. TW13: Hanw 2E **19**
St John's Way KT16: Chert 1E **29**
St Jude's Cl. TW20: Eng G 3C **12**
St Jude's Cotts. TW20: Eng G 3C **12**
St Judes Rd. TW20: Eng G 1C **12**
St Lawrence Bus. Cen. TW13: Felt 6B **10**
St Luke's Rd. SL4: Old Win 3A **4**
St Margaret's Av. TW15: Ashf 3D **16**
St Martin's Ct. TW15: Ashf 3G **15**
St Martins Dr. KT12: Walt T 3C **32**
St Marys KT13: Weyb 3F **31**
St Mary's Av. TW19: Stanw 4H **7**
St Mary's Cl. TW16: Sun 3A **26**
TW19: Stanw 4H **7**
St Mary's Cres. TW19: Stanw 4H **7**
St Mary's Dr. TW14: Bedf 4E **9**
St Mary's Rd. KT13: Weyb 4F **31**
St Matthew's Ct. *TW15: Ashf* *2C* ***16***
(off Feltham Rd.)
St Michael's Cl. KT12: Walt T 2C **32**
St Michael's Ct. *KT13: Weyb* *5E* ***31***
(off Pine Gro.)
St Michael's Rd. TW15: Ashf 3C **16**
St Nazaire Cl. TW20: Egh 3A **14**
St Nicholas Dr. TW17: Shep 6C **24**
St Olaves Cl. TW18: Staines 5D **14**
St Paul's Cl. KT15: Add 5E **29**
TW15: Ashf 3E **17**
St Paul's Rd. TW18: Staines 3B **14**
St Peter's Cl. SL4: Old Win 2A **4**
TW18: Staines 4D **14**
St Peters Ct. KT8: W Mole 3G **27**
St Peters Rd. KT8: W Mole 3G **27**
SL4: Old Win 2A **4**
St Peter's Way KT15: Add 4B **28**
KT16: Chert 4B **28**
St Pinnock Av. TW18: Staines 6E **15**
St Stephen's Rd. TW3: Houn 3G **11**
St Theresa's Rd. TW14: Felt 1H **9**
St Vincent Rd. KT12: Walt T 3B **32**
TW2: Whit 3H **11**
Salcombe Rd. TW15: Ashf 1A **16**
Salesian Gdns. KT16: Chert 1E **29**
Salisbury Rd. TW4: Houn 1C **10**
TW6: H'row A 3E **9**
TW13: Felt 5C **10**
Salix Cl. TW16: Sun 5B **18**
Sampson Ct. TW17: Shep 4E **25**
Sanctuary Rd. TW6: H'row A 3C **8**
Sandalwood Av. KT16: Chert 3C **28**
Sandalwood Rd. TW13: Felt 1B **18**
Sandbanks TW14: Felt 5G **9**
Sandell's Av. TW15: Ashf 2E **17**
Sanders Cl. TW12: Hamp H 3H **19**
Sandgates KT16: Chert 2C **28**
Sandhills Ct. GU25: Vir W 4E **21**
Sandhills La. GU25: Vir W 4E **21**
Sandhills Mdw. TW17: Shep 6E **25**
Sandown Av. KT10: Esh 5H **33**
Sandown Pk. Racecourse 3H **33**
Sandown Rd. KT10: Esh 4H **33**
Sandown Ski Cen. 3H **33**
Sandra Cl. TW3: Houn 2H **11**
Sandringham Dr. TW15: Ashf 2H **15**
Sandringham Gdns. KT8: W Mole 3G **27**
Sandringham M. TW12: Hamp 6F **19**
Sandringham Rd. TW6: H'row A 2A **8**
Sandycombe Rd. TW14: Felt 5A **10**
Sandy Dr. TW14: Felt 5G **9**
Sandy La. GU25: Vir W 3E **21**
(not continuous)
KT12: Walt T 5B **26**
Sandy Rd. KT15: Add 6E **29**
Sandy Way KT12: Walt T 1H **31**
Sanway Rd. KT14: Byfl 6A **34**
Sarsby Dr. TW19: Wray 6G **5**
Sarum Grn. KT13: Weyb 3G **31**
Saville Cres. TW15: Ashf 4F **17**
Savill M. TW20: Eng G 4D **12**
Saxon Av. TW13: Hanw 6E **11**
Saxonbury Av. TW16: Sun 2B **26**
Saxon Ho. TW13: Hanw 6F **11**
Saxon Rd. KT12: Walt T 3D **32**
TW15: Ashf 4F **17**
Saxon Way SL4: Old Win 3B **4**
Sayes Ct. KT15: Add 5G **29**
Sayes Ct. Farm Dr. KT15: Add 5F **29**
Scarborough Rd. TW6: H'row A 3E **9**
School La. KT15: Add 5E **29**
TW17: Shep 5D **24**
TW20: Egh 3G **13**
School Rd. TW12: Hamp H 4H **19**
TW15: Ashf 4D **16**
School Rd. Av. TW12: Hamp H 4H **19**
SCHOOL ROAD JUNC. 5D **16**
School Wlk. TW16: Sun 3H **25**
Schroder Ct. TW20: Eng G 3B **12**
Scots Cl. TW19: Stanw 5H **7**
Scotts Av. TW16: Sun 5G **17**
Scotts Dr. TW12: Hamp 5H **19**
Scotts La. KT12: Hers 4D **32**
Scotts Way TW16: Sun 5G **17**
Scylla Cres. TW6: H'row A 4D **8**
(not continuous)
Scylla Rd. TW6: H'row A 3D **8**
Seaford Rd. TW6: H'row A 2H **7**
Sealand Rd. TW6: H'row A 3C **8**
Seaton Dr. TW15: Ashf 6A **8**
Second Av. KT12: Walt T 5B **26**
Second Cl. KT8: W Mole 3H **27**
Segrave Cl. KT13: Weyb 1C **34**
Sekhon Ter. TW13: Hanw 1G **19**
Selby Rd. TW15: Ashf 4E **17**
Selkirk Rd. TW2: Twick 6H **11**
Selwood Cl. TW19: Stanw 3G **7**
Selwood Gdns. TW19: Stanw 3G **7**
Selwyn Cl. TW4: Houn 1E **11**
Seven Arches App. KT13: Weyb 1B **34**
Seven Hills Cl. KT12: W Vill 2G **35**
Seven Hills Rd. KT11: Cobh 3G **35**
KT12: Hers, W Vill 2G **35**
Seven Hills Rd. Sth.
KT11: Cobh 6G **35**
Severn Dr. KT12: Walt T 2D **32**
Seymour Cl. KT8: E Mos 4H **27**
Seymour Ct. KT11: Cobh 6H **35**
Seymour Gdns. TW13: Hanw 2C **18**
Seymour Rd. KT8: W Mole 4H **27**
Seymour Way TW16: Sun 5H **17**
Shaftesbury Av. TW14: Felt 3A **10**
Shaftesbury Cres. TW18: Staines 5H **15**
Shakespeare Av. TW14: Felt 3A **10**
Shakespeare Rd. KT15: Add 4H **29**
Shakespeare Way TW13: Hanw 2C **18**
Shaldon Way KT12: Walt T 3C **32**
Shanly Ho. KT15: Add 5G **29**
Shaw Cl. KT16: Ott 6A **28**
Shaw Ct. SL4: Old Win 2A **4**
Shaw Dr. KT12: Walt T 6C **26**
SHEARS, THE 5G **17**
Shears Ct. TW16: Sun 5G **17**
Shears Way TW16: Sun 6G **17**
Sheep Wlk. TW17: Shep 6B **24**
Sheffield Rd. TW6: H'row A 3E **9**
Sheffield Way TW6: H'row A 2F **9**
Shelburne Dr. TW4: Houn 3G **11**
Shellfield Cl. TW19: Stan M 2E **7**
Shelson Av. TW13: Felt 1H **17**
Shepherd Cl. TW13: Hanw 2E **19**
Shepherds Cl. TW17: Shep 5D **24**
SHEPPERTON 5E **25**
Shepperton Bus. Pk.
TW17: Shep 4E **25**
Shepperton Ct. TW17: Shep 5D **24**
Shepperton Ct. Dr. TW17: Shep 4D **24**
Shepperton Film Studios 2B **24**
SHEPPERTON GREEN 3C **24**
Shepperton Rd. TW18: Lale, Shep 2G **23**
Shepperton Station (Rail) 4E **25**
Sherborne Gdns. TW17: Shep 6G **25**
Sherborne Rd. TW14: Bedf 5F **9**
(not continuous)
Sheridan Ct. TW4: Houn 2E **11**
Sheridan Pl. TW12: Hamp 6H **19**
Sheringham Av. TW2: Whit 5F **11**
TW13: Felt 1A **18**
Sheringham Ct. *TW13: Felt* *1A* ***18***
(off Sheringham Av.)
Sherwood Rd. TW12: Hamp H 3H **19**
Shetland Rd. TW6: H'row A 3E **9**
Shewens Rd. KT13: Weyb 4F **31**
Shield Rd. TW15: Ashf 2E **17**
Ship Yd. KT13: Weyb 3D **30**
Shires Ho. KT14: Byfl 6A **34**
Shirley Cl. TW3: Houn 2H **11**
Shirley Dr. TW3: Houn 2H **11**
Shirleyhyrst KT13: Weyb 6F **31**
Shore Cl. TW12: Hamp 4E **19**
TW14: Felt 4A **10**
Shore Gro. TW13: Hanw 6F **11**
Shoreham Rd. E. TW6: H'row A 2A **8**
Shoreham Rd. W. TW6: H'row A 2A **8**
Short La. TW19: Stanw 4B **8**
Short Rd. TW6: H'row A 3A **8**
Shortwood Av. TW18: Staines 1F **15**
Shrewsbury Rd. TW6: H'row A 3E **9**
(not continuous)
Sidings, The TW18: Staines 2F **15**
Sidney Rd. KT12: Walt T 6A **26**
TW18: Staines 2E **15**
Siebel Ct. TW20: Egh 2H **13**
Silchester Ct. TW15: Ashf 6A **8**
Silverbeck Way TW19: Stan M 2E **7**
Silver Birch Cvn. Site
KT16: Lyne 6B **22**
Silverdale Av. KT12: Walt T 2H **31**
Silverdale Ct. TW18: Staines 2F **15**
Silverdale Dr. TW16: Sun 1B **26**
Silverlands Cl. KT16: Chert 3B **28**
Silver Tree Cl. KT12: Walt T 3A **32**
Simmons Ga. KT10: Esh 5H **33**
Simmons Pl. TW18: Staines 3C **14**
Simons Cl. KT16: Ott 6A **28**
Simons Wlk. TW20: Eng G 5C **12**
Simplemarsh Ct. KT15: Add 4F **29**
Simplemarsh Rd. KT15: Add 4E **29**
Simpson Rd. TW4: Houn 3F **11**
Sixth Cross Rd. TW2: Twick 1H **19**
Sky Bus. Cen. TW20: Thorpe 1A **22**
Slade Ct. KT16: Ott 6B **28**
Slade Ho. TW4: Houn 3F **11**
Slade Rd. KT16: Ott 6B **28**
Slattery Rd. TW13: Felt 5D **10**
Sledmere Ct. TW14: Bedf 5G **9**

52 A-Z Staines & Chertsey

Smoothfield—Sunrise Cl.

Smoothfield TW3: Houn 1G **11**
Snakey La. TW13: Felt 2A **18**
Snellings Rd. KT12: Hers 5C **32**
Snowdon Rd. TW6: H'row A 3E **9**
Snowdrop Cl. TW12: Hamp 4G **19**
Somerset Cl. KT12: Hers 5B **32**
Sonning Gdns. TW12: Hamp 4E **19**
Sopwith Dr. KT13: Weyb 4A **34**
Sorbie Cl. KT13: Weyb 6F **31**
Southam Ho. *KT15: Add* *5F **29***
(off Addlestone Pk.)
Southampton Rd. TW6: H'row A 3A **8**
(not continuous)
South Av. KT12: W Vill 3G **35**
KT13: Weyb 3C **34**
TW20: Egh 4A **14**
South Cl. TW2: Twick 1G **19**
Southcote Av. TW13: Felt 6H **9**
Southcote Ho. KT15: Add 2H **29**
Southcroft TW20: Eng G 3B **12**
Southdown Rd. KT12: Hers 4E **33**
South Dr. GU25: Vir W 6A **20**
Southerland Cl. KT13: Weyb 4E **31**
Southern Av. TW14: Felt 5A **10**
Southern Cotts. TW19: Stan M 2E **7**
Southern Perimeter Rd. TW6: H'row A 2F **7**
TW19: Stanw 2A **8**
(not continuous)
Southfield Pl. KT13: Weyb 1D **34**
Southfields Av. TW15: Ashf 4D **16**
Southgate Av. TW13: Felt 2F **17**
South Gro. KT16: Chert 5D **22**
Southlea Rd. SL4: Wind 1A **4**
South Lodge TW2: Whit 3H **11**
South Mall *TW18: Staines* *2D **14***
(in Elmsleigh Shop. Cen.)
South Ridge KT13: Weyb 3D **34**
South Rd. KT13: Weyb 5E **31**
(Queens Rd.)
KT13: Weyb 2D **34**
(West Rd.)
TW12: Hamp 4E **19**
TW13: Hanw 3D **18**
TW20: Eng G 4C **12**
South Side KT16: Chert 2E **23**
South St. TW18: Staines 3D **14**
Southville Cl. TW14: Bedf 5G **9**
TW14: Felt 5G **9**
Southville Cres. TW14: Felt 5G **9**
Southville Rd. TW14: Felt 5G **9**
South W. Middlesex Crematorium
TW13: Felt 5E **11**
Southwood Ct. KT13: Weyb 5D **30**
Sovereign Ct. KT8: W Mole 3F **27**
TW3: Houn 1G **11**
Sovereign Ho. TW15: Ashf 2A **16**
Space Waye TW14: Felt 2A **10**
Sparks Cl. TW12: Hamp 4E **19**
Sparrow Cl. TW12: Hamp 4E **19**
Sparrow Farm Dr. TW14: Felt 4C **10**
Spelthorne Gro. TW16: Sun 5H **17**
Spelthorne La. TW15: Ashf 6E **17**
Spelthorne Leisure Cen. **3E 15**
Spelthorne Mus. **3C 14**
Spencer Gdns. TW20: Eng G 3D **12**
Spenser Av. KT13: Weyb 2C **34**
Spicer Cl. KT12: Walt T 5C **26**
Spinney, The TW16: Sun 6A **18**
Spinney Dr. TW14: Bedf 4E **9**
Spinney Hill KT15: Add 5C **28**
Spinney Oak KT16: Ott 6B **28**
Spires Vw. KT16: Chert 5E **23**
Spitfire Rd. TW6: H'row A 3E **9**
Spout La. TW19: Stan M 1E **7**
Spout La. Nth. TW19: Stan M 1F **7**
Spratts All. KT16: Ott 6C **28**
Spratts La. KT16: Ott 6C **28**
Spreighton Rd. KT8: W Mole 3H **27**
Spring Av. TW20: Egh 4E **13**
Spring Cnr. TW13: Felt 1A **18**
Springfield Av. TW12: Hamp 4H **19**
Springfield Gro. TW16: Sun 6H **17**
Springfield La. KT13: Weyb 4D **30**
Springfield Mdws. KT13: Weyb 4D **30**
Springfield Rd. TW2: Whit 5G **11**
TW15: Ashf 3B **16**
Springfields Cl. KT16: Chert 1F **29**
Spring Gdns. KT8: W Mole 4H **27**
Spring Gro. TW12: Hamp 6H **19**
Spring Ri. TW20: Egh 4E **13**
Spring Rd. TW13: Felt 1H **17**
Spring Woods GU25: Vir W 3B **20**
Sprint Ind. Est. KT14: Byfl 4A **34**
Sproggit Ind. Est. TW19: Stanw 3B **8**
Spurfield KT8: W Mole 2H **27**
Spur Rd. TW14: Felt 1B **10**
Square, The KT13: Weyb 4E **31**
Squire's Bri. Rd. TW17: Shep 3B **24**
Squires Ct. KT16: Chert 1F **29**
Squire's Rd. TW17: Shep 3B **24**
Squires Wlk. TW15: Ashf 5F **17**
(not continuous)
Stafford Sq. KT13: Weyb 4F **31**
Stainash Cres. TW18: Staines 3F **15**
Stainash Pde. *TW18: Staines* *3F **15***
(off Kingston Rd.)
STAINES **2D 14**
Staines Bri. TW18: Staines 3C **14**
Staines By-Pass TW15: Ashf 2F **15**
TW18: Staines 2F **15**
TW19: Staines 6A **6**
Staines La. KT16: Chert 5D **22**
Staines La. Cl. KT16: Chert 5D **22**
Staines Moor Nature Reserve **5C 6**
Staines Reservoirs (Bird Sanctuary) **5F 7**
Staines Rd. KT16: Chert 1D **22**
TW2: Twick 1G **19**
TW3: Houn 3B **10**
TW4: Houn 3B **10**
TW14: Bedf, Felt 5C **8**
(not continuous)
TW18: Lale, Staines 6F **15**
TW19: Wray 4E **5**
Staines Rd. E. TW16: Sun 5A **18**
Staines Rd. W. TW15: Ashf 4D **16**
TW16: Sun 4D **16**
Staines Station (Rail) **3E 15**
Staines Town FC **5E 15**
Stainford Cl. TW15: Ashf 3F **17**
Stamford Rd. KT12: Walt T 3D **32**
Stanborough Cl. TW12: Hamp 4F **19**
Standard Rd. TW4: Houn 1E **11**
Stanford Cl. TW12: Hamp 4F **19**
Stanhope Heath TW19: Stanw 3G **7**
Stanhope Way TW19: Stanw 3G **7**
Staniland Dr. KT13: Weyb 4B **34**
Stanley Gdns. KT12: Hers 6C **32**
Stanley Rd. TW3: Houn 1H **11**
TW15: Ashf 3A **16**
Stanstead Rd. TW6: H'row A 3B **8**
STANWELL **3H 7**
Stanwell Cl. TW19: Stanw 3H **7**
Stanwell Gdns. TW19: Stanw 3H **7**
STANWELL MOOR **2E 7**
Stanwell Moor Rd. TW18: Staines 1E **15**
TW19: Staines, Stan M 1E **15**
TW19: Stan M 1F **7**
Stanwell New Rd. TW18: Staines 1E **15**
Stanwell Rd. SL3: Hort 1A **6**
TW14: Bedf 4D **8**
TW15: Ashf 6A **8**
Starling Wlk. TW12: Hamp 3E **19**
Station App. GU25: Vir W 3D **20**
KT13: Weyb 6C **30**
TW12: Hamp 6G **19**
TW15: Ashf 2B **16**
TW16: Sun 6A **18**
TW17: Shep 4E **25**
TW18: Staines 3E **15**
Station Av. KT12: Walt T 4A **32**
Station Cl. TW12: Hamp 6H **19**
Station Cres. TW15: Ashf 1H **15**
Station Est. Rd. TW14: Felt 5B **10**
Station Pde. GU25: Vir W 3D **20**
TW14: Felt 5B **10**
TW15: Ashf 2B **16**
Station Path TW18: Staines 2D **14**
Station Rd. KT15: Add 4G **29**
KT16: Chert 1D **28**
TW3: Houn 1H **11**
TW12: Hamp 6G **19**
TW15: Ashf 2B **16**
TW16: Sun 5A **18**
TW17: Shep 4E **25**
TW19: Wray 3F **5**
TW20: Egh 3G **13**
Station Rd. Nth. TW20: Egh 3G **13**
Staveley Rd. TW15: Ashf 4F **17**
Stayne End GU25: Vir W 3A **20**
Steam Farm La. TW14: Felt 1H **9**
Steeple Gdns. KT15: Add 5F **29**
Stem Ct. KT16: Chert 1G **29**
Stepgates KT16: Chert 6F **23**
Stepgates Cl. KT16: Chert 6F **23**
Stephen Cl. TW20: Egh 4A **14**
Stephenson Rd. TW2: Whit 4G **11**
Sterling Ct. KT16: Chert 6E **23**
Sterling Pl. KT13: Weyb 4G **31**
Steve Biko Way TW3: Houn 1G **11**
Stevens Cl. TW12: Hamp 3E **19**
Stewart Av. TW17: Shep 3C **24**
Stewart Cl. TW12: Hamp 4E **19**
Steyning Way TW4: Houn 1C **10**
Stile Path TW16: Sun 2A **26**
Stirling Av. TW17: Shep 2G **25**
Stirling Rd. TW2: Whit 4G **11**
TW6: H'row A 3B **8**
Stoke Rd. KT12: Walt T 3C **32**
Stompond La. KT12: Walt T 2A **32**
Stonebanks KT12: Walt T 6A **26**
Stone Cres. TW14: Felt 4H **9**
Stonehill Rd. KT16: Ott 3A **28**
Stoneleigh Pk. KT13: Weyb 6E **31**
Stoneylands Ct. TW20: Egh 3F **13**
Stoneylands Rd. TW20: Egh 3F **13**
Stony Hill KT10: Esh 6F **33**
Stourton Av. TW13: Hanw 2F **19**
Strafford Rd. TW3: Houn 1F **11**
Straight Rd. SL4: Old Win 2A **4**
Strata Ct. KT12: Walt T 1H **31**
Stratford Rd. TW6: H'row A 3D **8**
Strathearn Av. TW2: Whit 5H **11**
Stratton Cl. KT12: Walt T 1C **32**
Stratton Rd. TW16: Sun 1H **25**
Stream Cl. KT14: Byfl 5A **34**
Strode's Coll. La. *TW20: Egh* *3F **13***
(off High St.)
Strode's Cres. TW18: Staines 3G **15**
Strode St. TW20: Egh 2G **13**
STROUDE **2E 21**
Stroude Rd. GU25: Vir W 4E **21**
TW20: Egh 4G **13**
Stroudwater Pk. KT13: Weyb 6D **30**
Stroud Way TW15: Ashf 4D **16**
Stuart Av. KT12: Walt T 1B **32**
Stuart Way GU25: Vir W 3A **20**
TW18: Staines 4F **15**
Studios Rd. TW17: Shep 2B **24**
Studland Rd. KT14: Byfl 6B **34**
Styventon Pl. KT16: Chert 6D **22**
Sullivan Cl. KT8: W Mole 2H **27**
Sullivans Reach KT12: Walt T 6H **25**
Summerfield Cl. KT15: Add 5D **28**
Summerfield Pl. KT16: Ott 6B **28**
Summerleigh *KT13: Weyb* *6F **31***
(off Gower Rd.)
Summers Cl. KT13: Weyb 4C **34**
Summer Trees TW16: Sun 6B **18**
Summit Bus. Pk. TW16: Sun 5A **18**
Summit Pl. KT13: Weyb 1C **34**
Sumner Pl. KT15: Add 5E **29**
SUNBURY **2C 26**
Sunbury Bus. Cen. TW16: Sun 6H **17**
Sunbury Cl. KT12: Walt T 5A **26**
SUNBURY COMMON **5H 17**
Sunbury Ct. Island TW16: Sun 2D **26**
Sunbury Ct. M. TW16: Sun 1D **26**
Sunbury Ct. Rd. TW16: Sun 1C **26**
Sunbury Cres. TW13: Felt 2H **17**
SUNBURY CROSS **5A 18**
Sunbury Cross Shop. Cen. TW16: Sun 5H **17**
Sunbury La. KT12: Walt T 5A **26**
Sunbury Leisure Cen. **6H 17**
Sunburylock Ait KT12: Sun 3B **26**
Sunbury Pk. Walled Garden **2B 26**
Sunbury Rd. TW13: Felt 1H **17**
Sunbury Station (Rail) **6A 18**
Sunbury Way TW13: Hanw 3C **18**
Sunderland Ct. TW19: Stanw 3A **8**
Sundon Cres. GU25: Vir W 4B **20**
Sundown Rd. TW15: Ashf 3E **17**
Sun Life Trad. Est. TW14: Felt 1A **10**
Sunmead Rd. TW16: Sun 2A **26**
Sunna Gdns. TW16: Sun 1B **26**
Sunna Lodge TW16: Sun 5H **17**
Sunningdale Av. TW13: Hanw 6E **11**
SUNNYMEADS **1E 5**
Sunnymeads Station (Rail) **1E 5**
Sunnyside KT12: Walt T 4C **26**
Sunrise Cl. TW13: Hanw 1F **19**

A-Z Staines & Chertsey 53

Surrey Golf & Fitness—Victoria Pl.

Surrey Golf & Fitness	6G 29
Surrey Lodge KT12: Hers	5B 32
(off Queens Rd.)	
Surrey Towers KT15: Add	5G 29
(off Garfield Rd.)	
Sussex Ct. KT15: Add	5G 29
Sutherland Av. TW16: Sun	1H 25
Sutherland Gdns. TW16: Sun	1H 25
Sutton Ct. KT8: W Mole	4F 27
Swallow Cl. TW18: Staines	2D 14
Swallowfield TW20: Eng G	4B 12
Swan Cl. TW13: Hanw	2E 19
Swandrift TW18: Staines	5D 14
Swan Rd. TW13: Hanw	3E 19
Swansea Rd. TW14: Felt	3E 9
Swansway, The KT13: Weyb	3C 30
Swan Wlk. TW17: Shep	6G 25
Sweeps Ditch Cl. TW18: Staines	6E 15
Sweeps La. TW20: Egh	3F 13
Swift Rd. TW13: Hanw	1E 19
Swindon Rd. TW6: H'row A	2E 9
Swinfield Cl. TW13: Hanw	1E 19
Sycamore Cl. TW13: Felt	1A 18
Sycamore Ct. KT13: Weyb	3H 31
TW4: Houn	1E 11
Sycamore Lodge TW16: Sun	5H 17
Sycamore Wlk. TW20: Eng G	4B 12
Sydney Cres. TW15: Ashf	4D 16
Sydney Rd. TW14: Felt	5A 10
Sykes Dr. TW18: Staines	3F 15

T

Tachbrook Rd. TW14: Felt	4H 9
Tadmor Cl. TW16: Sun	3H 25
Talbot Lodge KT10: Esh	5G 33
Talbot Rd. TW15: Ashf	3A 16
Tamarind Ct. TW20: Egh	3F 13
Tamian Ind. Est. TW4: Houn	1C 10
Tamian Way TW4: Houn	1C 10
Tanglewood Way TW13: Felt	1B 18
Tangley Pk. Rd. TW12: Hamp	3F 19
Tanglyn Av. TW17: Shep	4D 24
Tanners Cl. KT12: Walt T	5B 26
Tapestries Hall SL4: Old Win	2A 4
Target Cl. TW14: Felt	3G 9
Tasman Ct. TW16: Sun	5G 17
Tavistock Cl. TW18: Staines	5H 15
Tawny Cl. TW13: Felt	1A 18
Taylors Ct. TW13: Felt	6A 10
Telford Dr. KT12: Walt T	6C 26
Telford Rd. TW2: Whit	4G 11
Tellisford KT10: Esh	4H 33
Tempest Rd. TW20: Egh	4A 14
Templar Pl. TW12: Hamp	5G 19
Temple Cl. KT13: Weyb	4D 30
Templecroft TW15: Ashf	4F 17
Templedene Av. TW18: Staines	5F 15
Temple Fld. Cl. KT15: Add	6F 29
Temple Gdns. TW18: Staines	6D 14
Templemere KT13: Weyb	3F 31
Temple Rd. TW3: Houn	1H 11
Ten Acre La. TW20: Thorpe	1A 22
Tennyson Cl. TW14: Felt	3H 9
Tennyson Rd. KT15: Add	4A 30
TW15: Ashf	3A 16
Tensing Ct. TW19: Stanw	5A 8
Terminal Four Rdbt. TW6: H'row A	3E 9
Terrace, The KT15: Add	5A 30
Terrace Rd. KT12: Walt T	6A 26
Tewkesbury Cl. TW14: Byfl	4A 34
Thackeray Lodge TW14: Bedf	3F 9
Thames Av. TW16: Chert	2E 23
Thames Cl. TW16: Chert	6F 23
TW12: Hamp	1H 27
Thames Ct. KT8: W Mole	1H 27
Thames Edge Ct. TW18: Staines	2C 14
(off Clarence St.)	
Thamesfield Ct. TW17: Shep	6E 25
Thamesfield M. TW17: Shep	6E 25
Thames Ga. TW18: Staines	1F 23
Thameside KT8: W Mole	2H 27
KT16: Chert	5G 23
TW18: Lale	1F 23
Thames Lock KT12: Walt T	2C 26
KT13: Weyb	3C 30
Thames Mead KT12: Walt T	5A 26
Thames Mdw. KT8: W Mole	1G 27

Thames St. KT12: Walt T	6H 25
KT13: Weyb	2D 30
TW12: Hamp	6H 19
TW16: Sun	3A 26
TW18: Staines	3D 14
Thamesview Ho's. KT12: Walt T	5A 26
Thetford Rd. TW15: Ashf	2A 16
Thickthorne La. TW18: Staines	5G 15
Third Cl. KT8: W Mole	3H 27
Thirlmere Ct. TW20: Egh	5H 13
Thistlecroft Rd. KT12: Hers	4C 32
Thompson Rd. TW3: Houn	1H 11
Thornbank Cl. TW19: Stan M	2E 7
Thorncroft TW20: Eng G	5C 12
Thorne Cl. TW15: Ashf	5E 17
Thorneycroft Cl. KT12: Walt T	5C 26
Thornhill Way TW17: Shep	4C 24
THORPE	**2H 21**
Thorpe By-Pass TW20: Thorpe	1H 21
THORPE GREEN	**3G 21**
Thorpe Ind. Pk. TW20: Thorpe	6A 14
THORPE LEA	**4A 14**
Thorpe Lea Rd. TW20: Egh, Thorpe	4H 13
Thorpe Pk.	**3C 22**
Thorpe Rd. KT16: Chert	4B 22
TW18: Staines	1C 22
Thorpeside Cl. TW18: Staines	1C 22
Thrupp's Av. KT12: Hers	5D 32
Thrupp's La. KT12: Hers	5D 32
Thurlestone Cl. TW17: Shep	5E 25
Thurlestone Pde. TW17: Shep	5E 25
(off High St.)	
Tilley Rd. TW13: Felt	5A 10
Tillys La. TW18: Staines	2D 14
Timsway TW18: Staines	3D 14
Tinsey Cl. TW20: Egh	3H 13
Tite Hill TW20: Egh, Eng G	3D 12
Tithe Cl. GU25: Vir W	5D 20
KT12: Walt T	5B 26
Tithe La. TW19: Wray	3G 5
Tithe Mdws. GU25: Vir W	5C 20
Tivoli Rd. TW4: Houn	1E 11
Toad La. TW4: Houn	1F 11
Tonbridge Rd. KT8: W Mole	3F 27
Torin Ct. TW20: Eng G	3C 12
Tor La. KT13: Weyb	4E 35
Tourist Info. Cen.	
Hounslow	1H 11
Terminal 2 - London Heathrow Airport	
	1D 8
Tower Gro. KT13: Weyb	2G 31
Towers Wlk. KT13: Weyb	6D 30
Towfield Ct. TW13: Hanw	6F 11
Towfield Rd. TW13: Hanw	6F 11
Town Farm Way TW19: Stanw	4H 7
Town La. TW19: Stanw	3H 7
(not continuous)	
Townquay TW18: Lale	2F 23
(off Blacksmiths La.)	
Townsend Rd. TW15: Ashf	3A 16
Town Tree Rd. TW15: Ashf	3C 16
Towpath KT12: Walt T	4A 26
TW17: Shep	1B 30
Trafalgar Dr. KT12: Walt T	3B 32
Tranmere Rd. TW2: Whit	4H 11
Treaty Cen. TW3: Houn	1H 11
Tregloss Ct. KT13: Weyb	1G 31
Trelawney Gro.	
KT13: Weyb	6C 30
Trenchard Cl. KT12: Hers	5C 32
Trevithick Cl. TW14: Felt	5H 9
Trident Ho. TW19: Stanw	4A 8
(off Clare Rd.)	
Tringham Cl. KT16: Ott	5A 28
Trinity Cl. TW4: Houn	1E 11
TW19: Stanw	3G 7
Troston Ct. TW18: Staines	3D 14
Trotsworth Av. GU25: Vir W	3E 21
Trotsworth Ct. GU25: Vir W	3D 20
TRUMPS GREEN	**5D 20**
Trumpsgreen Av. GU25: Vir W	5D 20
Trumps Grn. Cl. GU25: Vir W	4E 21
Trumpsgreen Rd. GU25: Vir W	6C 20
Trumps Mill La. GU25: Vir W	5F 21
Tucker Rd. KT16: Ott	6B 28
Tudor Av. TW12: Hamp	4G 19
Tudor Cl. TW15: Ashf	2A 16
Tudor Ct. TW13: Hanw	2C 18
TW19: Stanw	3A 8
TW20: Egh	3G 13

Tudor Dr. KT12: Walt T	1D 32
Tudor Grange KT13: Weyb	2G 31
Tudor Ho. KT13: Weyb	6C 30
Tudor La. SL4: Old Win	4C 4
Tudor Rd. TW12: Hamp	5G 19
TW15: Ashf	4F 17
Tudor Wlk. KT13: Weyb	3D 30
Tufton Gdns. KT8: W Mole	1H 27
Tulip Cl. TW12: Hamp	4F 19
Tumbling Bay KT12: Walt T	5A 26
Tunnel Link Rd. TW6: H'row A	2C 8
Turners Cl. TW18: Staines	3F 15
Turners La. KT12: Hers	6B 32
Turpin Rd. TW14: Felt	3H 9
Twickenham Rd. TW13: Hanw	1F 19
Two Rivers Retail Pk. TW18: Staines	2C 14
Twynersh Av. KT16: Chert	5D 22
Tyle Pl. SL4: Old Win	2A 4
Tyler Gdns. KT15: Add	4G 29
Tynan Cl. TW14: Felt	5A 10

U

Ulwin Av. KT14: Byfl	6A 34
Umberstones GU25: Vir W	5D 20
Underwood Ho. KT8: W Mole	4G 27
(off Approach Rd.)	
Unitair Cen. TW14: H'row A	3E 9
Unwin Av. TW14: Felt	2F 9
Up. Farm Rd. KT8: W Mole	3F 27
UPPER HALLIFORD	**3G 25**
Up. Halliford By-Pass TW17: Shep	4G 25
Up. Halliford Grn. TW17: Shep	3G 25
Up. Halliford Rd. TW17: Shep	2G 25
Upper Halliford Station (Rail)	**1G 25**
Up. Sunbury Rd. TW12: Hamp	6E 19
Upper Wlk. GU25: Vir W	3E 21
Upton Rd. TW3: Houn	1G 11
Uxbridge Rd. TW12: Hamp, Hamp H	2G 19
TW13: Felt	6C 10

V

Vaillant Rd. KT13: Weyb	4E 31
Vale, The TW14: Felt	3B 10
TW16: Sun	4A 18
Vale Cl. KT13: Weyb	3F 31
Vale Ct. KT13: Weyb	3F 31
Vale Rd. KT13: Weyb	3F 31
Valery Pl. TW12: Hamp	5G 19
Vanbrugh Dr. KT12: Walt T	6C 26
Vanbrugh M. KT12: Walt T	6C 26
Vanners Pde. KT14: Byfl	6A 34
Varna Rd. TW12: Hamp	6H 19
Vaughan Almshouses TW15: Ashf	3D 16
(off Feltham Hill Rd.)	
Vaughan Cl. TW12: Hamp	4E 19
Vaux Cres. KT12: Hers	6B 32
Vegal Cres. TW20: Eng G	3B 12
Veitch Cl. TW14: Felt	4H 9
Vereker Dr. TW16: Sun	2A 26
Vernon Cl. KT16: Ott	6B 28
TW19: Stanw	5A 8
Vernon Rd. TW13: Felt	6H 9
Verona Ct. TW15: Ashf	2D 16
Vibia Cl. TW19: Stanw	4H 7
Vicarage Av. TW20: Egh	3H 13
Vicarage Cl. TW20: Egh	4H 13
Vicarage Cres. TW20: Egh	3H 13
Vicarage Flds. KT12: Walt T	5C 26
Vicarage La. TW18: Lale	2G 23
TW19: Wray	5E 5
Vicarage Rd. TW2: Whit	3H 11
TW16: Sun	3H 17
TW18: Staines	1C 14
TW20: Egh	3G 13
Vicarage Wlk. KT12: Walt T	6A 26
Vickers Ct. TW19: Stanw	3A 8
(off Whitley Cl.)	
Vickers Dr. Nth. KT13: Weyb	3A 34
Vickers Dr. Sth. KT13: Weyb	4A 34
Vickers Way TW4: Houn	2E 11
Victoria Av. KT8: W Mole	2H 27
TW3: Houn	2G 11
Victoria Cl. KT8: W Mole	2G 27
KT13: Weyb	3F 31
Victoria Pl. TW10: Esh	4H 33
(off Esher Pk. Av.)	

Victoria Rd.—Willowbrook

Victoria Rd. KT13: Weyb . . . 3F 31
KT15: Add . . . 4H 29
TW13: Felt . . . 5B 10
TW18: Staines . . . 1C 14
Victoria St. TW20: Eng G . . . 4C 12
Victoria Way KT13: Weyb . . . 3F 31
Victors Dr. TW12: Hamp . . . 4E 19
Victory Cl. TW19: Stanw . . . 5A 8
Victory Pk. Rd. KT15: Add . . . 3G 29
(not continuous)
Victory Rd. KT16: Chert . . . 1E 29
Village Cl. KT13: Weyb . . . 3F 31
Village Ct. *KT13: Weyb* . . . *4F 31*
(off Oatlands Dr.)
Village Ga. TW17: Shep . . . 4D 24
Village Rd. TW20: Thorpe . . . 2A 22
Village Way TW15: Ashf . . . 2B 16
Villiers, The KT13: Weyb . . . 6F 31
Villiers Av. TW2: Whit . . . 5F 11
Vincam Cl. TW2: Whit . . . 4G 11
Vincent Cl. KT10: Esh . . . 3H 33
KT16: Chert . . . 6C 22
Vincent Dr. TW17: Shep . . . 2G 25
Vincent Rd. KT16: Chert . . . 6C 22
Vincent Row TW12: Hamp H . . . 4H 19
Vine Cl. TW19: Stan M . . . 2E 7
Vine Ct. KT12: Hers . . . 6C 32
Vine Pl. TW3: Houn . . . 1H 11
Viner Cl. KT12: Walt T . . . 5C 26
Vineyard Rd. TW13: Felt . . . 1A 18
Vineyards, The *TW13: Felt* . . . *1A 18*
(off High St.)
TW16: Sun . . . 2A 26
Vinter Ct. TW17: Shep . . . 4C 24
Viola Av. TW14: Felt . . . 3C 10
TW19: Stanw . . . 5H 7
Virginia Av. GU25: Vir W . . . 4C 20
Virginia Beeches GU25: Vir W . . . 2C 20
Virginia Cl. KT13: Weyb . . . 6E 31
TW18: Lale . . . 2G 23
Virginia Dr. GU25: Vir W . . . 4C 20
Virginia Pk. GU25: Vir W . . . 3E 21
VIRGINIA WATER . . . 4E 21
Virginia Water Station (Rail) . . . 4E 21
Viscount Gdns. KT14: Byfl . . . 5A 34
Viscount Rd. TW19: Stanw . . . 5A 8
Viscount Way TW6: H'row A . . . 1G 9
Vivenne Ho. TW18: Staines . . . 3E 15
Vue Cinema . . . 2C 14

W

Wadham Cl. TW17: Shep . . . 6E 25
Wakefield Cl. KT14: Byfl . . . 5A 34
Walk, The TW16: Sun . . . 5H 17
Walker Cl. TW12: Hamp . . . 4F 19
TW14: Felt . . . 4H 9
Wallace Cl. TW17: Shep . . . 3F 25
Wallace Wlk. KT15: Add . . . 4G 29
Walnut Tree Cl. TW17: Shep . . . 2E 25
Walnut Tree La. KT14: Byfl . . . 5A 34
Walnut Tree Rd. TW17: Shep . . . 1E 25
Walpole Ho. *KT8: W Mole* . . . *4G 27*
(off Approach Rd.)
Walpole Pk. KT13: Weyb . . . 1C 34
Walpole Rd. SL4: Old Win . . . 4B 4
Walsham Rd. TW14: Felt . . . 4B 10
Walton Bri. KT12: Walt T . . . 6G 25
TW17: Shep . . . 6G 25
Walton Bri. Rd. TW17: Shep . . . 6G 25
WALTON COMMUNITY HOSPITAL . . . 2B 32
Walton Gdns. TW13: Felt . . . 2H 17
Walton La. KT13: Weyb . . . 2D 30
TW17: Shep . . . 6F 25
WALTON-ON-THAMES . . . 1A 32
Walton-on-Thames Station (Rail) . . . 4A 32
Walton Pk. KT12: Walt T . . . 2D 32
Walton Pk. La. KT12: Walt T . . . 2D 32
Walton Rd. KT8: E Mos . . . 3F 27
KT8: W Mole . . . 3F 27
KT12: Walt T . . . 4C 26
Walton Screen Cinema . . . 1A 32
Walton Swimming Pool . . . 1B 32
Wapshott Rd. TW18: Staines . . . 4C 14
Warbeck Ho. *KT13: Weyb* . . . *5F 31*
(off Queens Rd.)
Warburton Rd. TW2: Whit . . . 5H 11
Ward's Pl. TW20: Egh . . . 4A 14
Wareham Cl. TW3: Houn . . . 1H 11
Warfield Rd. TW12: Hamp . . . 6H 19
TW14: Felt . . . 4G 9
Warner Cl. TW12: Hamp . . . 3F 19
Warren Cl. KT10: Esh . . . 4H 33
Warren Ct. KT13: Weyb . . . 5C 30
Warreners La. KT13: Weyb . . . 1F 35
Warren Rd. TW15: Ashf . . . 5G 17
Warren Way KT13: Weyb . . . 5E 31
Warrington Spur SL4: Old Win . . . 4B 4
Warwick Av. TW18: Staines . . . 4G 15
TW20: Egh . . . 6A 14
Warwick Cl. TW12: Hamp . . . 5H 19
Warwick Ct. KT13: Weyb . . . 5C 30
Warwick Deeping KT16: Ott . . . 5A 28
Warwick Lodge TW2: Twick . . . 1H 19
Warwick Rd. TW15: Ashf . . . 3A 16
Warwick Vs. TW20: Egh . . . 6A 14
Waterfall Cl. GU25: Vir W . . . 2A 20
Waterloo Cl. TW14: Felt . . . 5H 9
Waterloo Ter. *KT13: Weyb* . . . *4D 30*
(off Baker St.)
Watermans Bus. Pk. TW18: Staines . . . 2C 14
Watermead TW14: Felt . . . 5G 9
Water Mill Ho. TW13: Hanw . . . 6G 11
Watermill Way TW13: Hanw . . . 6F 11
Waters Dr. TW18: Staines . . . 1D 14
Waterside Dr. KT12: Walt T . . . 4A 26
Waterside Trad. Est.
KT15: Add . . . 4A 30
Watersplash Rd. TW17: Shep . . . 4C 24
Watery La. KT16: Lyne . . . 6B 22
Wavendene Av. TW20: Egh . . . 5H 13
Waverley Av. TW2: Whit . . . 5F 11
Waverley Cl. KT8: W Mole . . . 4G 27
Waverley Dr. GU25: Vir W . . . 2A 20
KT16: Chert . . . 3B 28
Waverley Rd. KT13: Weyb . . . 5C 30
Waylands TW19: Wray . . . 3E 5
Wayneflete Twr. Av.
KT10: Esh . . . 3G 33
Weatherall Cl. KT15: Add . . . 5F 29
Webb Ho. TW13: Hanw . . . 1E 19
Weir Ct. KT13: Weyb . . . 2D 30
Weir Pl. TW18: Staines . . . 6C 14
Weir Rd. KT12: Walt T . . . 5A 26
KT16: Chert . . . 6F 23
Weldon Dr. KT8: W Mole . . . 3F 27
Welley Av. TW19: Wray . . . 1E 5
Welley Rd. SL3: Hort . . . 3E 5
TW19: Wray . . . 3E 5
Wellington Av. GU25: Vir W . . . 4B 20
TW3: Houn . . . 2G 11
Wellington Cl. KT12: Walt T . . . 1H 31
Wellington Ct. TW15: Ashf . . . 3A 16
TW19: Stanw . . . 4A 8
Wellingtonia Ho. KT15: Add . . . 5E 29
Wellington Rd. TW14: Felt . . . 2G 9
TW15: Ashf . . . 3A 16
Wellington Rd. Nth. TW4: Houn . . . 1F 11
Wellington Rd. Sth. TW4: Houn . . . 1F 11
Wellington Way KT13: Weyb . . . 3B 34
Welwyn Av. TW14: Felt . . . 3H 9
Wembley Rd. TW12: Hamp . . . 6G 19
Wendover Pl. TW18: Staines . . . 3B 14
Wendover Rd. TW18: Staines . . . 3A 14
Wensleydale Gdns. TW12: Hamp . . . 5H 19
Wensleydale Pas. TW12: Hamp . . . 6G 19
Wensleydale Rd. TW12: Hamp . . . 4G 19
Wentworth Cl. TW15: Ashf . . . 2D 16
Wentworth Dene KT13: Weyb . . . 5D 30
Wentworth Dr. GU25: Vir W . . . 3A 20
Wentworth Golf Course East . . . 4A 20
Wentworth Golf Course West . . . 4A 20
Wentworth Ho. KT15: Add . . . 4F 29
Wentworth Tennis & Health Club, The . . . 4A 20
Wesley Dr. TW20: Egh . . . 4G 13
Wessex Ct. TW19: Stanw . . . 3A 8
West Acres KT10: Esh . . . 6F 33
West Av. KT12: W Vill . . . 3G 35
Westbank Rd. TW12: Hamp H . . . 4H 19
WEST BEDFONT . . . 3B 8
Westbourne Rd. TW13: Felt . . . 1H 17
TW18: Staines . . . 5F 15
Westbrook Av. TW12: Hamp . . . 5F 19
Westbrook Rd. TW18: Staines . . . 3D 14
Westbury Cl. TW17: Shep . . . 5D 24
Westbury Rd. TW13: Felt . . . 5D 10
Westcar La. KT12: Hers . . . 6B 32
West Cl. TW12: Hamp . . . 4E 19
TW15: Ashf . . . 2A 16
W. Dene Way KT13: Weyb . . . 3G 31
West Dr. GU25: Vir W . . . 6A 20
WEST END . . . 5F 33
W. End Gdns. KT10: Esh . . . 5F 33
W. End La. KT10: Esh . . . 6F 33
Westerham Cl. KT15: Add . . . 6G 29
Western Av. KT16: Chert . . . 2E 23
TW20: Thorpe . . . 2H 21
Western Cl. KT16: Chert . . . 2E 23
Western Dr. TW17: Shep . . . 5F 25
Western Perimeter Rd.
TW6: H'row A, Lford . . . 1F 7
Westfield Pde. KT15: New H . . . 3A 34
Westfield Rd. KT12: Walt T . . . 6E 27
West Gro. KT12: Hers . . . 5B 32
Westland Cl. TW19: Stanw . . . 3A 8
Westmacott Dr. TW14: Felt . . . 5H 9
Westminster Cl. TW14: Felt . . . 5A 10
WEST MOLESEY . . . 3G 27
Weston Av. KT8: W Mole . . . 2E 27
KT15: Add . . . 4F 29
West Pal. Gdns. KT13: Weyb . . . 3D 30
West Rd. KT13: Weyb . . . 2D 34
TW14: Bedf . . . 3F 9
West Vw. TW14: Bedf . . . 4E 9
West Way TW17: Shep . . . 5F 25
Wetton Pl. TW20: Egh . . . 3F 13
Wey Av. KT16: Chert . . . 2E 23
Wey Barton KT14: Byfl . . . 6B 34
WEYBRIDGE . . . 4C 30
WEYBRIDGE COMMUNITY HOSPITAL . . . 4C 30
Weybridge Bus. Pk. KT15: Add . . . 4A 30
Weybridge Ho. KT13: Weyb . . . 5F 31
Weybridge Pk. KT13: Weyb . . . 5C 30
Weybridge Rd. KT13: Weyb . . . 4B 30
KT15: Add . . . 4A 30
Weybridge Station (Rail) . . . 6C 30
Weylands Cl. KT12: Walt T . . . 1F 33
Weylands Pk. KT13: Weyb . . . 6F 31
Weymead Cl. KT16: Chert . . . 1G 29
Wey Mdws. KT13: Add . . . 5A 30
Weymede KT14: Byfl . . . 5B 34
Wey Retail Pk. KT14: Byfl . . . 5A 34
Wey Rd. KT13: Weyb . . . 3B 30
Weyside Cl. KT14: Byfl . . . 5B 34
Weystone Rd. KT15: Add . . . 4B 30
Wharf, The KT13: Weyb . . . 2C 30
Wharf Rd. TW19: Wray . . . 4C 4
Whatmore Cl. TW19: Stan M . . . 3E 7
Wheatash Rd. KT15: Add . . . 2F 29
Wheatley's Eyot TW16: Sun . . . 4A 26
Wheatsheaf Cl. KT16: Ott . . . 6B 28
Wheatsheaf La. TW18: Staines . . . 5D 14
Wheatsheaf Pde. *SL4: Old Win* . . . *2A 4*
(off St Luke's Rd.)
Wheatsheaf Pk. . . . 5E 15
Whitebridge Cl. TW14: Felt . . . 3H 9
Whitehall Farm La. GU25: Vir W . . . 1E 21
(not continuous)
Whitehall La. TW19: Wray . . . 3G 5
TW20: Egh . . . 5F 13
White Hart Row KT16: Chert . . . 6E 23
White Hermitage SL4: Old Win . . . 2C 4
Whitehill Pl. GU25: Vir W . . . 4E 21
White Ho. KT15: Add . . . 4G 29
White Knights Rd. KT13: Weyb . . . 1E 35
Whiteley's Way TW13: Hanw . . . 1G 19
WHITELEY VILLAGE . . . 2G 35
White Lodge Ct. TW16: Sun . . . 6C 18
Whiteways Ct. TW18: Staines . . . 5F 15
Whitley Cl. TW19: Stanw . . . 3A 8
WHITTON . . . 4H 11
Whitton Dene TW3: Houn . . . 2H 11
Whitton Rd. TW3: Houn . . . 1H 11
Whitton Sports & Fitness Cen. . . . 6H 11
Whitton Waye TW3: Houn . . . 3G 11
Wickets, The TW15: Ashf . . . 2A 16
Wickham La. TW20: Egh . . . 5G 13
Wick La. TW20: Eng G . . . 4A 12
Wick Rd. TW20: Eng G . . . 6A 12
Wigley Rd. TW13: Felt . . . 6D 10
Wilcox Gdns. TW17: Shep . . . 2A 24
Wilderness, The KT8: W Mole . . . 4H 27
TW12: Hamp H . . . 2H 19
Willats Cl. KT16: Chert . . . 5D 22
Willerton Lodge KT13: Weyb . . . 6F 31
William Ellis Cl. SL4: Old Win . . . 2A 4
Williams Cl. KT15: Add . . . 5F 29
Williams Dr. TW3: Houn . . . 1G 11
Willowbrook TW12: Hamp H . . . 3H 19

A-Z Staines & Chertsey 55

Willowbrook Rd.—York Way

Willowbrook Rd. TW19: Stanw 6A **8**
Willow Cotts. TW13: Hanw 1E **19**
Willow Ct. *TW16: Sun* *5G 17*
(off Staines Rd. W.)
Willowdene Cl. TW2: Whit 4H **11**
Willowhayne Ct. *KT12: Walt T* *6B 26*
(off Willowhayne Dr.)
Willowhayne Dr. KT12: Walt T 6B **26**
Willow Lodge *TW16: Sun* *5H 17*
(off Forest Dr.)
Willowmead TW18: Staines 6F **15**
Willows, The KT13: Weyb 3C **30**
KT14: Byfl 6A **34**
Willow Wlk. KT16: Chert 6E **23**
TW20: Eng G 3C **12**
Willow Way TW2: Twick 6H **11**
TW16: Sun 3A **26**
Wills Cres. TW3: Houn 3H **11**
Willson Rd. TW20: Eng G 3B **12**
Wilson Dr. KT16: Ott 5A **28**
Wilton Gdns. KT8: W Mole 2G **27**
KT12: Walt T 1D **32**
Wilton Pde. TW13: Felt 5B **10**
Wilton Wlk. *TW13: Felt* *5B 10*
(off Wilton Pde.)
Winchelsea Cres. KT8: W Mole 1H **27**
Winchester Cl. KT10: Esh 4G **33**
Winchester Rd. KT12: Walt T 1A **32**
TW13: Hanw 1F **19**
Winchstone Cl. TW17: Shep 3B **24**
Windermere Cl. TW14: Felt 5H **9**
TW19: Stanw 5A **8**
TW20: Egh 5H **13**
Windmill Bus. Village
TW16: Sun 6G **17**
Windmill Cl. TW16: Sun 5G **17**
Windmill Grn. *TW17: Shep* *6G 25*
(off Walton La.)
Windmill Rd. TW12: Hamp H 3H **19**
TW16: Sun 6G **17**
Windmill Rd. W. TW16: Sun 1G **25**
Windmill Shott TW20: Egh 4F **13**
Windmill Ter. TW17: Shep 6G **25**
Windsor Av. KT8: W Mole 2G **27**
Windsor Ct. TW16: Sun 5A **18**
Windsor Dr. TW15: Ashf 2H **15**
Windsor Pl. KT16: Chert 5E **23**
Windsor Rd. SL4: Old Win 5C **4**
TW16: Sun 4A **18**
TW19: Wray 3E **5**
TW20: Egh 5C **4**

Windsor St. KT16: Chert 5E **23**
Windsor Wlk. KT12: Walt T 1D **32**
KT13: Weyb 5D **30**
Winern Glebe KT14: Byfl 6A **34**
Winifred Rd. TW12: Hamp H 2G **19**
Winslow Way KT12: Walt T 3C **32**
TW13: Hanw 1D **18**
Winterbourne Gro. KT13: Weyb 6E **31**
Winterdown Gdns. KT10: Esh 6F **33**
Winterdown Rd. KT10: Esh 6F **33**
Wintersells Ind. Est. KT14: Byfl 3A **34**
Wintersells Rd. KT14: Byfl 3A **34**
Witheygate Av. TW18: Staines 4F **15**
Wivenhoe Ct. TW3: Houn 1F **11**
Woburn Hill KT15: Add 2G **29**
WOBURN PARK **2H 29**
Wolsey Cl. TW3: Houn 1H **11**
Wolsey Dr. KT12: Walt T 1D **32**
Wolsey Gro. KT10: Esh 4H **33**
Wolsey Rd. KT10: Esh 4H **33**
TW12: Hamp H 4H **19**
TW15: Ashf 2A **16**
TW16: Sun 5H **17**
Woodberry Cl. TW16: Sun 4A **18**
Woodhaven M. KT12: Walt T 4A **32**
Woodhaw TW20: Egh 2H **13**
Woodland Cl. KT13: Weyb 4F **31**
Woodland Gro. KT13: Weyb 4F **31**
Woodlands KT15: Add 3A **30**
Woodlands, The KT10: Esh 2H **33**
Woodlands Dr. TW16: Sun 1C **26**
Woodlands Pde. TW15: Ashf 4E **17**
Woodlands Pk. KT15: Add 5D **28**
Woodlands Rd. GU25: Vir W 3C **20**
Woodlands Rd. E. GU25: Vir W 3C **20**
Woodlands Rd. W. GU25: Vir W 3C **20**
Woodland Way KT13: Weyb 5F **31**
Wood La. KT13: Weyb 2E **35**
Woodlawn Cres. TW2: Whit 6H **11**
Woodlawn Dr. TW13: Felt 6D **10**
Woodlee Cl. GU25: Vir W 1C **20**
Woodridings KT13: Weyb 6C **30**
Wood Rd. TW17: Shep 3C **24**
Woodshore Cl. GU25: Vir W 5B **20**
Woodside KT12: Walt T 1A **32**
Woodside Av. KT12: Hers 4B **32**
Woodside Way GU25: Vir W 2B **20**
Woodsome Lodge KT13: Weyb 6E **31**
Woodthorpe Rd. TW15: Ashf 4H **15**
Woodview Ct. KT13: Weyb 5E **31**
Wootton KT10: Esh 4H **33**

Worcester Ct. KT12: Walt T 2C **32**
Worcester Dr. TW15: Ashf 3D **16**
Wordsworth Rd. KT15: Add 4H **29**
TW12: Hamp 2F **19**
Worple, The TW19: Wray 3F **5**
Worple Av. TW18: Staines 4F **15**
Worple Rd. TW18: Staines 4F **15**
(not continuous)
Wrabness Way TW18: Staines 6F **15**
WRAYSBURY **3F 5**
Wraysbury Cl. TW4: Houn 2E **11**
Wraysbury Gdns. TW18: Staines 2C **14**
Wraysbury Rd. TW18: Staines 1A **14**
TW19: Staines .6H **5**
Wraysbury Station (Rail) **3G 5**
Wren Cres. KT15: Add 5H **29**
Wren's Av. TW15: Ashf 2E **17**
Wright Gdns. TW17: Shep 4C **24**
Wriotsley Way KT15: Add 6E **29**
Wyatt Cl. TW13: Felt 5D **10**
Wyatt Rd. TW18: Staines 3E **15**
Wychwood Cl. TW16: Sun 4A **18**
Wye Cl. TW15: Ashf 2D **16**
Wyndham Av. KT11: Cobh 6H **35**
Wyndham Cres. TW4: Houn 3G **11**
Wynton Gro. KT12: Walt T 3A **32**
Wythegate TW18: Staines 5D **14**
Wyvern Pl. KT15: Add 4F **29**

Y

Yaffle Rd. KT13: Weyb 3E **35**
Yale Cl. TW4: Houn 2F **11**
Yard Mead TW20: Egh 1G **13**
Yeend Cl. KT8: W Mole 3G **27**
Yeoman Dr. TW19: Stanw 5A **8**
Yeoveney Cl. TW19: Staines 6B **6**
Yew Pl. KT13: Weyb 3H **31**
Yews, The KT14: Byfl 5A **34**
TW15: Ashf 2D **16**
Yew Trees TW17: Shep 3B **24**
TW20: Thorpe .2A **22**
Yew Tree Wlk. TW4: Houn 2F **11**
York Cl. KT14: Byfl 5A **34**
York Gdns. KT12: Walt T 2D **32**
York Rd. KT13: Weyb 5E **31**
KT14: Byfl 5A **34**
York Way TW13: Hanw 1E **19**
(not continuous)

The representation on the maps of a road, track or footpath is no evidence of the existence of a right of way.

The Grid on this map is the National Grid taken from Ordnance Survey mapping with the permission of the Controller of Her Majesty's Stationery Office.

Copyright of Geographers' A-Z Map Company Ltd.

No reproduction by any method whatsoever of any part of this publication is permitted without the prior consent of the copyright owners.